宋元谱录丛编
顾宏义 主编

茶录

外十种

［宋］蔡襄 等著
唐晓云 整理校点

上海书店出版社

△ 北苑御焙遗址，即今福建建瓯市东峰镇境内。建瓯北苑贡茶始于后唐，盛于宋，衰于明，持续御贡近500年。

◁ 庆历八年（1048），有一个叫柯适的人，在今天建瓯市东峰镇焙前村林垅坡，为后人留下了一块巨大的摩崖石刻，刻有楷书八十字，为北苑茶园纪事文。

宋徽宗赵佶的《文会图》展现了宋代文士茶宴的场景。整个茶宴在幽雅的庭院中进行，巨大的长方形桌案设在树荫之下，黑漆桌面镶嵌精美的贝雕花纹，桌上摆有珍馐、插花。茶宴上嘉宾十一人，侍奉八人，另有一人着官服，似为茶宴总管。

画面下方设有茶桌、风炉，茶桌上摆着茶盒和茶碗，一侍者在往茶碗中分茶，风炉上置两把银色执壶。总管已端起一个托盘，似正准备开宴。

《文会图》场面宏大雅致，是宋代茶画的精品之作。

△ 南宋刘松年的《撵茶图》描绘了宋代从磨茶到烹点的点茶场面。画中左前方一仆坐矮几上磨茶，桌上有筛茶的茶罗、贮茶的茶盒等。另一人伫立桌边，提汤瓶点茶（泡茶），左手边是煮水的炉、壶和茶巾，右手边是贮水瓮，桌上是茶筅、茶盏和盏托，显得安静整洁，专注有序。画面右侧三人，一僧执笔作书，传说为书圣怀素；一人相对而坐，似在观赏；另一人坐其旁，正展卷欣赏。

▷ "小龙团"为北宋时期的一种小茶饼，专供宫廷饮用。茶饼上印有龙、凤花纹。印盘龙者称"龙团"，印舞凤者称"凤团"。北宋熙宁、元丰年间，是北苑御焙发展高峰期。建安有官私茶焙一千三百三十六焙。其中官焙三十二焙，小焙十余。当时建茶以北苑为主。

南宋赵孟頫的《斗茶图》是茶画中的精品之作，画中四茶贩在树荫下"茗战"（斗茶）。每人身边有茶炉茶壶，挑担有圆有方。画面左侧有两人，分别一手持茶杯、一手提茶桶或茶壶，形态逼真。斗茶者各自拿出茶叶，冲泡后比试，展现了宋代民间茶叶买卖和斗茶的场景。

历代茶书书影

茶録并序

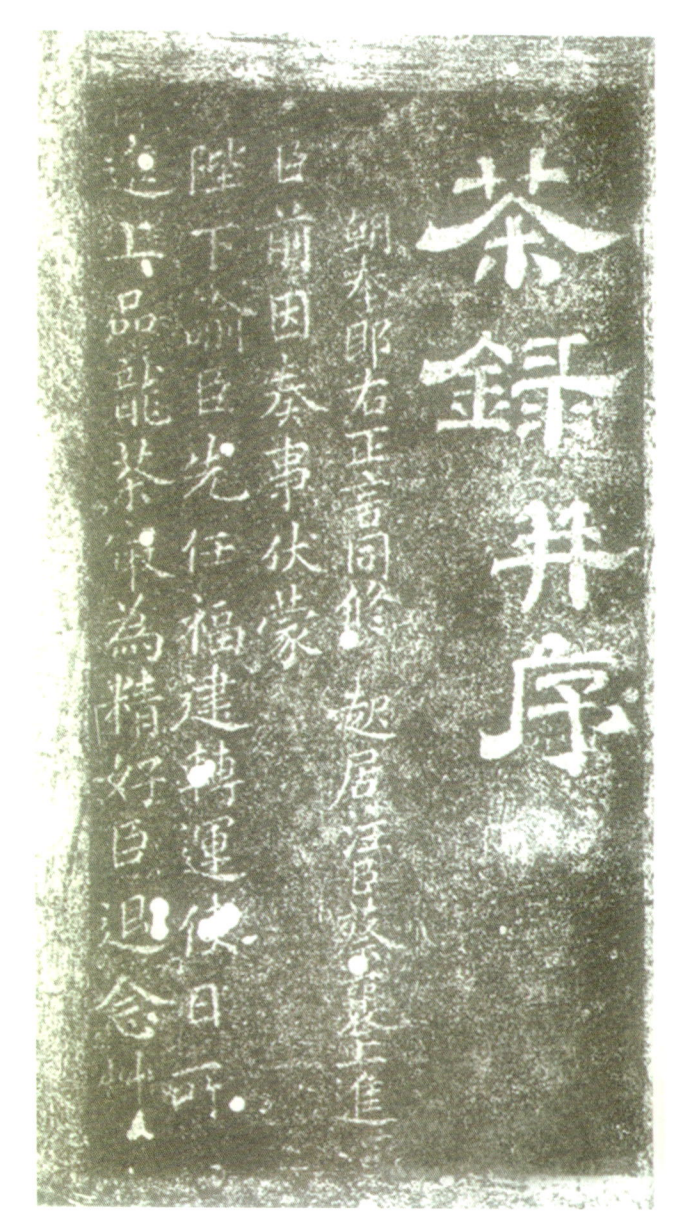

朝奉郎右正言同修起居注臣蔡襄上進：
臣前因奏事伏蒙
陛下諭臣先任福建轉運使日所
進上品龍茶最為精好臣退念草

蔡襄手书《茶录》石刻拓本

目 录

1	总 序	顾宏义
1	前 言	
1	荈茗录	（宋）陶　穀
8	述煮茶小品	（宋）叶清臣
10	茶 录	（宋）蔡　襄
16	东溪试茶录	（宋）宋子安
24	本朝茶法	（宋）沈　括
29	品茶要录	（宋）黄　儒
36	斗茶记	（宋）唐　庚
38	大观茶论	（宋）赵　佶
47	宣和北苑贡茶录	（宋）熊　蕃
68	北苑别录	（宋）赵汝砺
82	煮茶梦记	（元）杨维桢

总　序

何谓谱录？谱录就是依照事物类别或系统编撰成的书籍。①《释名》释"谱"云："布也，布列其事也。"又云："谱，绪也，主叙人世类相继，如统绪也。"《说文》云"谱，籍录也"。而录即指按门别类、依一定次序记载相关人之言行或事物的书籍。因此，中国古代最先出现的谱录，乃与家族世系的记载密切相关，如司马迁《史记·三代世表》称"自殷以前，诸侯不可得而谱"，又《汉书·艺文志》著录的西汉秘府藏书，有《帝王诸侯世谱》、《古来帝王年谱》等。因为此类谱录著作的编纂特点，故后人也开始利用谱录来记载不同类别的事物，如东汉著名经学家郑玄即通过排比《诗经》十五国风、大小雅、三颂的资料而撰成《诗谱》，用以显示其与时代政治、地域风土间的关系。于是后来就出现了单为记载经典所载物品的谱录，如三国吴陆玑撰有《毛诗草木鸟兽虫鱼疏》二卷，进而有晋代戴凯之的《竹谱》，南朝梁陶弘景的《古今刀剑录》、陈虞荔的《鼎录》等。在中国浩如烟海的古代文献中，至此形成了一类以记物为主的书籍，专门记载某物或某一类物品的产地、形态、类别、特性、逸闻趣事及与之相关的诗文等，间附精美插图。至唐代

---

① 朱积孝：《谱录述略》，载《图书馆》1995年第6期。

陆羽撰成《茶经》三卷，"其书分十类，曰一之源、二之具、三之造、四之器、五之煮、六之饮、七之事、八之出、九之略、十之图。其曰具者，皆采制之用；其曰器者，皆煎饮之用。故二者异部。其曰图者，乃谓统上九类，写以绢素张之，非别有图。其类十，其文实九也。言茶者莫精于羽，其文亦朴雅有古意。七之事所引多古书，如司马相如《凡将篇》一条三十八字，为他书所无，亦旁资考辨之一端矣"。① 由此，此类饶有趣味的图书——谱录的体裁趋于成熟定型，而影响后世甚巨。

中国古代谱录发展至宋代，各种不同类型的谱录著述纷至沓来，卷帙繁复，蔚为大观：与农事有关的如曾安止的《禾谱》、僧赞宁的《笋谱》、范成大的《桂海果志》等，与日常饮食有关的如苏轼的《东坡酒经》、窦苹的《酒谱》、王灼的《糖霜谱》等与蔡襄的《茶录》、熊蕃的《宣和北苑贡茶录》等，另有草木花卉谱如赵时庚的《金漳兰谱》、范成大的《范村菊谱》、胡元质的《牡丹谱》、陈思的《海棠谱》等，有鱼虫禽兽谱如傅肱的《蟹谱》、贾似道的《秋虫谱》、范成大的《桂海禽志》等，有文房四宝谱如苏易简的《文房四谱》、欧阳修的《砚谱》、李孝美的《墨谱法式》等，有玉石古玩谱如杜绾的《云林石谱》等，有泉币鼎彝谱如董逌的《钱谱》、洪遵的《泉志》、吕大临的《考古图》、王黼的《宣和博古图》等等。这一文化盛观的出现，与宋代文化尤其是与市民休闲娱乐文化的高度繁荣密切

---

① 永瑢等：《四库全书总目》卷一一五《茶经》，中华书局影印本。

相关。

我国近现代国学大师王国维先生在《宋代之金石学》一文中指出："天水一朝人智之活动，与文化之多方面，前之汉、唐，后之元、明，皆所不逮也。"其原因在唐、宋之际，随着阶级结构与生产关系发生的一系列深刻变化，社会经济水平有了很大的提高，世人对日常娱乐休闲生活的需求达到了空前的程度，促进了城市娱乐休闲文化的多元化、平民化，使得娱乐休闲文化自贵族阶层整体下移至平民社会，从而构成了宋代文化大异于前代汉、唐文化的一大显著特征。在这一社会文化背景下，宋人撰写了多种专门记录与城市休闲娱乐生活紧密相关的谱录类书籍。与前代谱录多与生产种植内容有关者不同，北宋时人撰写了数量颇众的园林花卉、文人清赏类谱录，前者如欧阳修《洛阳牡丹记》、沈立《海棠记》等，而杜绾《云林石谱》、苏易简《文房四谱》等显然属于后者。发展至南宋，更出现了与市井娱乐文化密切相关的谱录，其中著名者似当属题名贾似道所撰的《秋虫谱》（也称《促织经》）了。

宋代斗蟋蟀之风甚盛行，据《西湖老人繁胜录》载，南宋杭州人极喜养斗蟋蟀，所谓"促织盛出，都民好养"，街坊中辟有专门的蟋蟀市场，供爱好者选购："每日早晨，多于官巷南北作市，常有三五十人火斗者。"而且由于玩者众多，所以城外农村里有专门捕捉、贩卖蟋蟀为生者，而城里也出现了专以驯养蟋蟀为职业的"闲汉"。贾似道为南宋末宰相，但也是一个著名的蟋蟀迷。据《宋史》载，当时蒙古铁骑大举围攻长江中游重镇襄阳城，军情危急，但贾似道"日坐葛岭，起楼台亭榭"，与"博徒日至纵博"，甚至"与群妾踞地斗蟋蟀"，由此被后人戏称之为"蟋蟀宰相"。但他所撰的《秋虫谱》，分赋、形、色、养、斗、病等，对蟋蟀进行了详尽论述，可算是世界历史上第一部研究蟋蟀的专著，影响后世颇大。

撰成于南宋中晚期的《百宝总珍集》，也可算是一本奇书。《百宝总珍集》，据清代四库馆臣推测，大概为南宋都城临安城中从事古玩珍宝生意的商贾所编集，但其撰者已不可考。书中所载所记百数种珍宝玩器，每每详列其市场价格、真伪优劣、辨识手段等，并于每种器物前具载七言绝句一首，而行文多用市井口语、鉴宝行话，如卷一"青玉"条诗曰："青玉从来分数等，滋媚润者彼人观。做造不论大与小，碾造仁相做钱看。"文云："凡看玉亦有数等，上至不断青，下至碧绿色者，若颜色唧伶、样制、碾造、花样仁相，盏椀或腰条皮、束带、绦环零碎事件之属多着主。如绿色或夹石样范，花样不好，皆是猫货。已上数等皆是卖外路官员，此间少着主。"可见具有很高的古玩鉴定价值，也可由此一窥当时与古玩相关的各色人等以及市井口语、风俗等等。

承宋代余绪，元人所撰谱录虽然数量较少，但与宋代相比，其内容多关于器物及食谱，由此构成了元代谱录著述的一个特色。

随着谱录著述之种类、数量都较前激增，于是在宋代书目中开始设置谱录专类以收录此类文献。

宋代以前，谱录文献被附入别类之中，如《隋书·经籍志》将《竹谱》、《钱图》等归入"史部·谱系"类中，《旧唐书·经籍志》、《新唐书·艺文志》却将《钱谱》、《相鹤经》、《鹰经》、《相马经》、《相贝经》等归入"子部·农家"类。直至南宋中期以前，仍无专类可归，如北宋《崇文总目》将《竹谱》、《笋谱》、《茶谱》、《花木录》、《钱谱》等归入"子部·小说"类，《相鹤经》、《鹰经》等归入"子部·艺术"类；而郑樵《通志·艺文略》将谱录收入"食货"类，其"食货"类下分六小类，其中《钱谱》、《鼎录》、《刀剑录》、《锦谱》等归于"货宝"小类，《墨谱》、《砚录》、《文房四谱》与《香谱》等归于"器用"小类，《相鹤经》、《相马经》、《鹰经》、《禽经》等归于"豢养"小类，《竹谱》、《笋谱》、《荔枝谱》、《花谱》、《木谱》等归于"种艺"小类，而《茶谱》、《酒录》等则分别归于"茶"、"酒"两小类。南宋著名目录学家尤袤有鉴于此，遂在其所编撰的《遂初堂书目》"子部"之下专门设立了用来收录上述相关书籍的"谱录类"。

对于尤袤在四部分类中设置"谱录类"的原因，清代馆臣如此分析道："古人学问各守专门，其著述具有源流，易于配隶。六朝以后，作者渐出新裁，体例多由创造，古来旧目遂不能该，附赘悬疣，往往牵强。《隋志》'谱系'本陈族姓，而末载《竹谱》、《钱谱》、《钱图》，《唐志》'农家'本言种植，而杂列《钱谱》、《相鹤经》、《相马经》、《鸷击录》、《相贝经》，《文献通考》亦以《香谱》入'农家'，是皆明知其不安，而限于无类可归,又复穷而不变,故支离颠舛,遂至于斯。惟尤袤《遂初堂书目》创立'谱录'一门,于是别类殊名,咸归统摄。此亦变而能通矣。"所以在其编撰《四库全书总目》时,即沿用《遂初堂书目》"其例,以收诸杂书之无可系属者"。[①] 但因属初创,故而《遂初堂书目》"谱录类"所收录的尚还混录有《侍儿小名录》、《警年录》之类当归入"传记类"的书籍,而至清代《四库全书总目》"子部·谱录类"则专门收载记物之谱录,并据图书的内容,还于其下分为"器物之属"、"食谱之属"与"草木鸟兽虫鱼之属"三小类。由此,谱录当以记物为主的定义方才正式定型。

因岁月久远,宋元时期的卷帙繁盛的谱录著述多有佚失,其具体数量今日已难以考述。今日可考录的宋元谱录,大致在120种上下,其中宋代谱录约100种。这流传于世的百余种宋元谱录,大体分为三类:一是其书完整保存至今的,如宋吕大临《考古图》、洪遵《泉志》、熊蕃《宣和北苑贡茶录》、元李衎《竹谱》等。二是其书通过《说郛》等丛书摘要载录才得以传诸后世的,如宋常懋《宣和石谱》、田锡《曲本草》、元宋伯仁《酒小史》等,已非完篇。三是从一书中抄录一篇别出而为单行本者,如宋初陶穀《清异录》本属杂采隋唐至五代典故的笔记著作,其中"茗荈门"被后人抄出单独成书,题名《荈茗录》,成为一本屡为后世引用的茶书。南宋著名文学家范成大撰有

---

① 《四库全书总目》卷一一五《子部·谱录类序》。

《桂海虞衡志》，有志山、志金石、志香、志酒、志器、志禽、志兽、志虫鱼、志花、志果、志草木、杂志诸篇，被后人分别抄出单行题《桂海酒志》、《桂海果志》、《桂海花志》、《桂海草木志》、《桂海虫鱼志》、《桂海禽志》、《桂海兽志》、《桂海香志》、《桂海器志》等；而元代费著的《笺纸谱》、《器物谱》、《蜀锦谱》、《钱币谱》、《楮币谱》等，也本为其所著的方志《成都志》中诸篇，但为时人所珍视，而抄录别行者。对此，本丛编皆视为单独著述，分别编录于各类之中。

从现存的宋元谱录情况看，其著者遍及社会各层面，其中姓名可考的，有贵为天子者（宋徽宗《大观茶论》），有官拜宰执大臣的（如苏易简、丁谓、欧阳修、周必大、贾似道等），有著名文人、书画家（如宋苏轼、米芾、洪迈、范成大、陆游，元倪瓒、杨维桢等），有隐士逸人（如林洪等），有僧侣（如释仲仁、僧赞宁等），另外有署名别号的，如题名审安老人者撰有《茶具图赞》、渔阳公撰《渔阳石谱》、鹿亭翁撰《兰》等，或是因为此类谱录乃属"小道"，为免世人"玩物丧志"之讥而不愿题真实姓名者。但也有个别谱录的著者姓名原本失传不详，今所题姓名乃是后人在刻印书籍时所添加，其真伪于今日已不易探考，故本丛编一仍其旧。

本丛编所收录宋元诸谱录，大体先据其内容归入其类，同类者大体依据著者生卒年月为序编列（生卒年不详者，即以其主动活动年月为据编排）。每种谱录正文前，皆简述其撰者生平、谱录撰成年月及其主要内容、传世版本等情况；其篇末，酌收有关序跋、题记等，以助于阅读。

本丛编所收录诸谱录，其底本一般择其精善且常见者，并酌校他本一、二种，但如其文字语义可两通者，即不予校改，而有明显舛误、脱漏、衍文者，则以圆括号"（ ）"标示其为误字、衍文，而以方括号"[ ]"标示其为正字、补字，但不另出校勘记。

又本丛编在编纂中，参考了不少前贤时哲的研究或校点整理成果，限于体例，未能一一标示指出，故于此一并致以诚挚的谢意。

顾宏义
乙未五月于海上梦湖书屋

前 言

茶成为一种饮品，最早是在秦汉时期。到了唐代，饮茶渐渐流行，成了一种时尚，这才会出现被誉为"茶圣"的陆羽。他在《茶经》中还列举了茶的不同名称，可见饮茶的普及，"一曰茶，二曰槚，三曰蔎，四曰茗，五曰荈"。早采的称茶，晚撷的叫荈。茶又称苦荼，也就是槚。各种名称，到了陆羽那里被统称为"茶"了。

中国的名茶大多来自于贡茶，或与贡茶有着种种联系。"贡"，献也。古代特指把物品进献给国君或天子。《辞海》引《周礼·天官·太宰》："五曰赋贡。"陆德明《释文》："赋，上之所求于下；贡，下之所纳于上。"进贡是优质茶名扬天下的最佳途径，进贡也推进了优质茶的种植和发展，因此，贡茶也就成了茶文化史上的重要内容。

我们说中国的茶文化"起于唐，盛于宋"，主要有几个重要的标志。一是宋代贡茶，其制愈精，贡额愈大；二是宋代茶著，传至后代，皆成名著；三是宋代茶艺，争奇斗艳，美不胜收，成为我国古代物质文明与精神文明相交融的典范。

一

茶最早产于蜀地，秦人取蜀后，逐渐移植到全国各地。到了"茶称瑞草魁"(杜牧诗句)的唐代,大江南北,高峰峻岭,广辟茶园,饮茶习俗蔚然成风,制茶工艺各显千秋。五代之季,闽北建茶崛起。建茶因产于福建建溪流域而得名,且以建州(今福建建瓯市)凤凰山麓一带为主产区,有"天下之茶,惟以建茶为最"之誉。《建瓯县志》载:"张庭晖事闽为阁门使,家有茶焙,在建安凤凰山麓,周三十里。"龙启初(后唐长兴四年,933),张庭晖把茶园献给王氏。到北宋太平兴国二年(977),这片茶园被收为御焙,因地处闽国北部,故称北苑。

北苑位于建瓯市东峰镇凤凰山,距建瓯城区十六公里。在方圆几十里的山坡上,茶园连绵起伏,郁郁葱葱。山的南端有一块数丈高的岩石,形如凤冠,称"凤冠岩",岩前叫"凤凰嘴",嘴前有一湾"凤凰池"。登高远眺,整片山川宛如凤凰饮水。沈括《梦溪笔谈》载:"建茶皆乔木,吴、蜀、淮南唯丛茇而已。"北苑的茶所以能成为上品,首先与它的地理条件有关,前枕松溪,连属诸山,冈阜环抱,气势柔秀,确是种茶的绝佳处。

熊蕃《宣和北苑贡茶录》载:"贡品极盛之时,凡有四拾余色","四万七千一百片有奇"。贡茶"岁分十纲,惟白茶与胜雪,自惊蛰前兴役,浃日乃成。飞骑疾驰,不出仲春,已至京师,号为头纲。玉芽以下,即先后以次发,待贡足时,夏过半矣。"北苑在宋代迎来了它的黄金时代。蔡襄《茶录》中云:"茶味主于甘味,惟北苑凤凰山连属诸焙所产者味佳。"

与北苑一山之隔的壑源(今建瓯市东峰镇福源村),是北宋时期的一处民间私焙。北苑为朝廷官焙，壑源则是民间私焙。壑源私焙与北苑官焙在中国茶史上有着同样辉煌的一页。赵佶《大观茶论》载："有外焙者、有浅焙者。盖浅焙之茶，去壑源为未远，制之能工，则色亦莹白；击拂有度，则体亦立汤。惟甘重香滑之味，稍远于正焙耳。"但仍称赞壑源："本朝之兴，岁修建溪之贡，龙团凤饼，名冠天下，而壑源之品，亦自此而盛。"

宋子安在《东溪试茶录》中，专述了壑源与北苑御茶园的地理分布、自然条件及茶叶品质等，"今出壑源之大窠者六（叶仲元、叶世万、叶世荣、叶勇、叶世积、叶相），壑源岩下一（叶务滋），源头二（叶团、叶肱），壑源后坑一（叶久），壑源岭根三（叶公、叶品、叶居）"。说明当时壑源叶氏家族的兴盛和叶姓所产茶品的精良。今天在福源村，叶姓仍为大姓。

历代贡茶由民间到宫廷的过程，实际上是对茶叶品质不断求精的过程。这种由下而上的精选，和由上而下的扩散，被不断地充实完备，促使贡茶的品质、工艺、形制不断发展，最终形成了被全社会共同认可的一种文化。

二

与贡茶发展几乎同步，宋代的茶书撰写也呈现出前所未有的高潮。北宋四大书家之一、福建路转运使蔡襄极力宣传北苑贡茶，他的《茶录》，将北苑茶的研制、饮法完整地介绍给士大夫。建安人宋子安的《东溪试茶录》详细记录了北苑所属官焙的分布状况、茶名、茶病等,为后人研究北苑提供了丰富的素材。建阳人熊蕃的《宣和北苑贡茶录》对建茶的花色、上贡沿革、品类等作了详尽的记述。建安人黄儒的《品茶要录》则记录了北苑茶叶的品质与气候、鲜叶质量、制作工艺、茶叶加工等,苏轼还为之作序,谓《品茶要录》是唐代"陆鸿渐(陆羽)以来论茶者所未及"。从他们的履历或籍贯中可以看到,他们或者在建州为官,或者就是建州人氏,对建茶的了解与研究非常深入,所撰的著作达到了学用兼备的高度。

《宣和北苑贡茶录》所列五十余种贡茶名目中,至少有一大半是徽宗大观至宣和年间添创的,其中的銙茶名称极尽典雅,诸如乙夜清供、承平雅玩、玉除清赏、启沃承恩等,从中也可一窥宋代文人的审美趣味。

让人慨叹的是宋代皇室对于建茶的大力推进。这一切,尤以宋徽宗赵佶为最。宋徽宗是中国历史上著名的"品茶皇帝",治国无方,却通晓音律、擅于书画,对茶艺也深谙其理。《大观茶论》归纳了"清、和、澹、静"四字要诀。赵佶认为,品茶应追求清雅、和谐,才能"祛襟涤滞,致清导和";品茶时应抛除杂念,淡定简洁,才能达到"韵高致静"的境界。在中国历史上以皇帝之尊撰写茶著,恐怕是绝无仅有的。

宋代茶书中,比较重要的还有叶清臣的《述煮茶小品》、沈括的《本朝茶法》、唐庚的《斗茶记》、赵汝砺的《北苑别录》等。与唐代茶学相比,宋代茶学既深且精,在学术专题上形成了鲜明的时代特征和地域色彩。这些著作流传至今,为我们了解宋代茶文化，提供了翔实可靠的资料。

三

茶一旦成为贡品，便在宫廷乃至士大夫阶层形成了品评风尚。不仅讲究品茗的精美化、技艺化，更赋予饮茶精神内涵。通过与民间饮茶习俗的交融吸纳，中国的茶文化在宋代形成了前所未有的高峰。大略而言，宋代的茶艺主要有"点茶"、"分茶"和"斗茶"。

点茶。程序为炙茶、碾罗、烘盏、候汤、击拂、烹试，其关键在候汤和击拂。蔡襄《茶录》载，点茶的要点是，先将饼茶烤炙，再敲碎碾成细末，用茶罗将茶末筛细，"罗细则茶浮，粗则水浮"，"钞茶一钱匕，先注汤调令极匀。又添注入，环回击拂，汤上盏可四分则止。视其面色鲜白，著盏无水痕为绝佳"。即将筛过的茶末放入茶盏中，注入少量开水，搅拌均匀，再注入沸水，用竹制的茶筅反复击打，使之产生泡沫，达到茶盏边壁不留水痕者为最佳。

漏影春。一种"分茶"的艺术，先观赏，后品尝。"漏影春"大约出现在唐末或五代，到宋代时，已成一种时尚。利用茶盏中的水脉，创造出诸多善于变化的图案来，给观赏者以美的享受。陶穀《清异录》记载了这种做法："漏影春法，用镂纸贴盏，糁茶而去纸，伪为花身。别以荔肉为叶，松实、鸭脚之类珍物为蕊，沸汤点搅。"实际上"漏影春"已不仅仅是一种饮茶方式，而是茶的一种造型艺术了。

斗茶。在宋代，最高的茶艺叫"斗茶"，集中体现了宋人品茶的所有技艺。斗茶又称"茗战"，是以竞赛品评茶质优劣的一种风尚，具有技巧和趣味性。斗茶对于茶叶、器具及烹试方法都有严格的要求，以茶面汤花的色泽和均匀程度、茶盏的内沿与汤花相接处有无水痕来评判斗茶的胜负。水温的掌握是斗茶的关键。水未煮开，冲茶时泡沫会过多；水太沸，茶末容易下沉。茶末和沸水准备好后，就到了调膏的环节，把茶末放到事先加热过的茶盏中，用少量沸水将茶末调匀成膏状，再徐徐注水，用茶匙不停搅拌，直到茶末和水达到黏稠的乳状。判断斗茶胜负的标准是，"视其面色鲜白，著盏无水痕为绝佳。建安斗试，以水痕先者为负，耐久者为胜。"（蔡襄《茶录》）也就是说，一看茶色，二看水痕。所以"较胜负之说，曰相去一水，两水"。斗茶还包括品茶汤，惟有色、香、味俱佳者，才能取得最后的胜利。

此外，还要说到茶盏。斗茶崇尚"白汤花"，所以斗茶活动还催生了宋代瓷业的发展，以黑釉为代表的深色茶盏也由此兴盛。由于茶汤以乳白色为上品，用当地生产的黑窑器皿盛茶，能体现建茶的特点，在茗战中能增强茶汤的颜色。于是，建窑所产的茶盏变成了珍品。建盏中又以"曜变"令人称奇，它的釉色变幻莫测，光怪陆离，釉纹细密如丝，状似兔毫，在光线下能产生彩虹般的光晕。蔡襄《茶录》载："茶色白，宜黑盏。建安所造者绀黑，纹如兔毫，其坯微厚，胁之久热难冷，最为要用。"建安的瓷业由此得到发展，在宋代位列八大名瓷之一。

如今，著名的兔毫盏、鹧鸪杯等宋代黑釉瓷，已成稀世珍品。

庆历八年（1048），有一个叫柯适的人，在今天建瓯市东峰镇焙前村林垅坡，为后人留下了一块巨大的摩崖石刻，刻有楷书八十字，为北苑茶园纪事文。文曰：

> 建州东凤凰山，厥植宜茶，惟北苑。太平兴国初，始为御焙，岁贡龙凤，上柬东宫，西幽、湖南、新会、北溪，属三十二焙。有署暨亭榭，中曰御茶堂。后坎泉甘，宗之曰御泉。前引二泉，曰龙凤池。庆历戊子仲春朔，柯适记。

建瓯东峰凤凰山一带，正是北苑贡茶所在地。当时北苑茶园已颇具规模，最盛时制茶作坊达千余座，产茶区扩展到邻近六县。此碑文为考查宋代建州北苑茶事提供了重要的实物依据。

据说，当年在北苑的凤凰山麓，建有茶堂、星辉馆、御泉亭、御茶亭、凤山阁、茶场、清风仪门、茶焙、库房、门楼等建筑，还建有红云岛、龙凤池等供茶官与贸易者览胜。历经千年，如今已经不见当年凤凰山下的那些想象中古朴典雅的宋代建筑，然而脚下那一片厚实的土地，至今还散发着宋人优雅的气息。

荈茗录

(宋)陶　穀

陶穀(903—970),字秀实,自号金銮否人,邠州新平(今陕西彬县)人。本姓唐,五代十国时,因避后晋高祖石敬瑭讳,改姓陶。陶穀历仕后晋、后汉,至后周任翰林学士、户部侍郎、兵部侍郎,显德六年(959)加吏部侍郎。宋初,建隆二年(961)转礼部尚书,翰林学士承旨,后累加刑部、户部尚书。开宝三年(970)十二月卒,年六十八岁,死后赠右仆射。

以文章名天下。"穀强记嗜学,博通经史,诸子佛老,咸所总览。多蓄法书名画,善隶书。为人隽辨宏博,然奔竞务进。"《清异录》六卷,是陶穀杂采隋唐至五代典故所撰的一部随笔集,内分天文、地理、草木、居室、器具、丧葬等三十七门,共六百四十八条,每条均有小标题。内容多为消遣好玩的取乐性文字,并非正面陈述事物,但它在各个方面记录了丰富的情况,对于研究隋唐至五代的社会生活提供了可贵的资料。其中"茗荈门"被后人单独辑为茶书,题名《荈茗录》,多为后代茶书引用。

《清异录》现藏版本有阮氏文选楼旧藏明抄本《说郛》本,卷首"清异录"下题小字"二卷宋陶穀号金鍪否人";涵芬楼旧藏明抄本《说郛》本;涵芬楼排印本《说郛》百卷本,1927年商务印书馆排印出版等。《荈茗录》系据商务印书馆涵芬楼藏本排印《说郛》本录文。

十六汤

苏虞《仙芽传》第九卷载"作汤十六法",以谓:汤者,茶之司命。若名茶而滥汤,则与凡末同调矣。煎以老嫩言者凡三品,自第一至第三。以缓急言者凡三品,自第四至第六。以器类标者共五品,自第七至第十一。以薪火论者共五品。自十二至十六。

第一,得一汤。火绩已谙,水性乃尽,盖一而不偏杂者也。天得一而以清,汤得一可建汤勋。

第二,婴儿汤。薪火方交,水釜才炽,急取茗旋倾,若婴儿之未孩,欲责以壮夫之事,难矣哉。

第三,百寿汤。一名白发汤。人过百息,水踰十沸,或以话阻,或以事废,始取用之,汤已失性矣。敢问皤鬓苍颜之大老,还可执弓挟矢以取中乎?还可雄登阔步以迈远乎?

第四,中汤。亦见夫鼓琴者也,声合中则妙;亦见夫磨墨者也,力合中则浓。夫声有缓急则琴亡,力有缓急则墨丧,注汤有缓急则茶败。欲汤之中,臂任其责。

第五,断脉汤。茶已就膏,宜以造化成其形。若手颤臂趓,惟恐其深,瓶嘴之端,若存若亡,汤不顺通,故茶不匀粹。是犹人之百脉起伏,气血断续,欲寿奚苟,恶毙宜逃。

第六，大壮汤。力士之把针，耕夫之握管，所以不能成功者，伤于粗也。且一瓯之茗，多不二钱，若盏量合宜，下汤不过六分。万一快泻而深积之，茶安在哉。

第七，富贵汤。以金银为汤器，惟富贵者具焉，所以策功建汤业，贫贱者有不能遂也。汤器之不可舍金银，犹琴之不可舍桐，墨之不可舍胶。

第八，秀碧汤。石凝结天地秀气而赋形者也，琢以为器，秀犹在也。其汤不良，未之有也。

第九，压一汤。贵厌金银，贱恶铜铁，则瓷瓶有足取焉。幽士逸夫，品色尤宜，岂不为瓶中之压一乎？然不与夸珍衒豪臭公子道。

第十，缠口汤。猥人俗辈，炼水之器，岂暇深择，取热而已矣。是汤也，腥苦且涩，饮之逾时，恶气缠口而不得去。

第十一，减价汤。无油之瓦，渗水而有土气。虽御胯宸缄，且将败德销声。谚曰："茶瓶用瓦，如乘折脚骏登高。"好事者幸志之。

第十二，法律汤。凡木可以煮汤，不独炭也。惟沃茶之汤非炭不可。在茶家亦有法律，水忌停，薪忌薰。犯律踰法，汤乖则茶殆矣。

第十三，一面汤。或柴中之麸火，或焚余之虚炭，木体虽尽而性且浮。性浮则汤有终嫩之嫌。炭则不然，实汤之友。

第十四，宵人汤。茶本灵草，触之则败。粪火虽热，恶性未尽，作汤泛茶，减耗香味。

第十五，贼汤。一云贱汤。竹篾树梢风日干之，燃鼎附瓶，颇甚快意。然体性虚薄，无中和之气，为茶之残贼也。

第十六，大魔汤。调茶在汤之淑慝，而汤最恶烟。燃柴一枝，浓烟蔽室，又安有汤耶。苟用此汤，又安有茶耶。所以为大魔。

龙坡山子茶

开宝中，窦仪以新茶饮予，味极美。奁面标云"龙坡山子茶"。龙坡是顾渚之别境。

圣杨花

吴僧梵川，誓愿燃顶供养双林傅大士。自往蒙顶结庵种茶。凡三年，味方全美。得绝佳者圣杨花、吉祥蕊，共不逾五斤，持归供献。

汤社

和凝在朝，率同列递日以茶相饮。味劣者有罚，号为"汤社"。

缕金耐重儿

有得建州茶膏，取作"耐重儿"八枚，胶以金缕，献于闽王曦。

乳妖

吴僧文了善烹茶。游荆南，高保勉白于季兴，延置紫云庵，日试其艺。保勉父子呼为汤神，奏授华定水大师上人，目曰"乳妖"。

清人树

伪闽甘露堂前两株茶，郁茂婆娑，宫人呼为"清人树"。每春初，嫔嫱戏摘新芽，堂中设"倾筐会"。

玉蝉膏

大理徐恪见贻卿信锭子茶，茶面印文曰"玉蝉膏"，一种曰"清风使"。恪，建人也。

森伯

汤悦有《森伯颂》。盖茶也，方饮而森然，严乎齿牙。既久，四肢森然。

水豹囊

豹革为囊，风神呼吸之具也。煮茶啜之，可以涤滞思而起清风。每引此义，称茶为"水豹囊"。

不夜侯

胡峤《饮茶诗》曰："沾牙旧姓余甘氏，破睡当封不夜侯。"新奇哉！

鸡苏佛

犹子彝之,年十二岁。予读胡峤诗,因令效法之,近晚成篇。有云:"生凉好唤鸡苏佛,回味宜称橄榄仙。"然彝之亦文词之有基址者也。

冷面草

符昭远不喜茶,曰:"此物面目严冷,了无和美之态,可谓冷面草也。"

晚甘侯

孙樵《送茶与焦刑部书》云:"晚甘侯十五人遣侍斋阁。此徒皆请雷而摘,拜水而和。盖建阳丹山碧水之乡,月涧云龛之侣,慎勿贱用之。"

生成盏

馔茶而幻出物像于汤面者,茶匠通神之艺也。沙门福全生于金乡,长于茶海,能注汤幻茶,成一句诗,并点四瓯,共一绝句,泛乎汤表。小小物类,唾手办耳。檀越日造门求观汤戏,全自咏曰"生成盏里水丹青"云云。

茶百戏

茶至唐始盛。近世有下汤运匕,别施妙诀,使汤纹水脉成物象者,禽兽虫鱼花草之属,纤巧如画。但须臾即就散灭。此茶之变也，时人谓之"茶百戏"。

漏影春

漏影春法，用缕纸贴盏，糁茶而去纸，伪为花身；别以荔肉为叶，松实、鸭脚之类珍物为蕊，沸汤点搅。

甘草癖

宣城何子华邀客，酒半，出嘉阳严峻画陆鸿渐像。子华因言："前世惑骏逸者为马癖，泥贯索者为钱癖，耽于子息者为誉儿癖，耽于褒贬者为《左传》癖。若此叟者，溺于茗事，将何以名其癖？"杨粹仲曰："茶至珍，盖未离乎草也。草中之甘，无出茶上者。迨宜目陆氏为甘草癖。"坐客曰："允矣哉！"

苦口师

皮光业耽茗事。一日，中表请尝新柑，才至，呼茶甚急，径进一巨瓯。题诗曰："未见甘心氏，先迎苦口师。"

述煮茶小品

(宋)叶清臣

叶清臣（1000—1049），北宋名臣，字道卿，长洲（今江苏苏州）人。天圣二年（1024）进士，"知举刘筠奇所对策，擢第二。宋进士以策擢高第，自清臣始"。累官两浙转运副使、翰林学士、权三司使。敢言直谏，"天资爽迈，遇事敢行，奏对无所屈"（《宋史》卷二九五）。有文集传世。

《述煮茶小品》（亦称《述煮茶泉品》），约撰于康定元年（1040），谈饮茶之趣，茶叶之质，泉品之别。今据《说郛》本，参以《四库全书》本整理录文。

夫渭柽汾麻，泉源之异禀；江橘淮枳，土地之或迁，诚物类之有宜，亦臭味之相感也。若乃撷华掇秀，多识草木之名；激浊扬清，能辨淄渑之品，斯固好事之嘉尚，博识之精鉴。自非啸傲尘表，逍遥林下，乐追王濛之约，不让陆纳之风，其孰能与于此乎？吴楚山谷间，气清地灵，草木颖挺，多孕茶荈，为人采拾。大率右于武夷者为"白乳"，甲于吴兴者为"紫笋"，产禹穴者以"天章"显，茂钱塘者以"径山"稀，至于桐庐之岩，云衡之麓，"鸦山"著于吴歙，"蒙顶"传于岷蜀，角立差胜，毛举实繁。然而天赋尤异、性靡俗谙，苟制非其妙，烹失于术,虽先雷而赢,未雨而檐,蒸焙以图,造作以经,而泉不香、水不甘,爨之、扬之,若淤若滓。

予少得温氏所著《茶说》,尝识其水泉之目,有二十焉。会西走巴峡,经虾蟆窟,憩芜城,汲蜀冈井,东游故郡,绝扬子江,留丹阳酌观音泉,过无锡挹慧山水,粉枪牙旗,苏兰薪桂,且鼎且缶,以饮以欢,莫不沦气涤虑,蠲病析酲,祛鄙吝之生心,招神明而达观。信乎!物类之宜得,臭味之所感,幽人之佳尚,前贤之精鉴,不可及已。

噫!紫华绿英,均一水也。皆忘情于庶汇,或求伸于知己。不然者,丛薄之莽、沟渎之流,亦奚以异哉!游鹿故宫,依莲盛府,一命受职,再期服劳,而虎丘之鬻沸,淞江之清泚,复在封畛。居然挹注是尝,所得于鸿渐之目,二十而七也。昔郦元善于《水经》,而未尝知茶;王肃癖于茗饮,而言不及水表,是二美吾无愧焉。凡泉品二十,列于右幅。且使尽神,方之四两,遂成其功。代酒限于七升,无忘真赏云。南阳叶清臣述。

茶 录

(宋) 蔡 襄

蔡襄（1012—1067），字君谟，仙游枫亭（今福建仙游）人。北宋著名书法家、政治家、茶学专家。宋仁宗庆历年间（1041—1048），任福建转运使，知泉州、福州、开封和杭州府事。卒赠礼部侍郎，谥号忠惠。蔡襄为人忠厚、正直，且学识渊博，书艺高深，书法史上论及宋代书法，素有"苏、黄、米、蔡"四大书家之说，蔡襄书法以其浑厚端庄，自成一体。他在福建转运使任上，负责监制北苑贡茶，所创制的小团茶，闻名于世。

《茶录》是蔡襄有感于陆羽《茶经》"不第建安之品"，丁谓《茶图》"独论采造之本"，而特地向宋仁宗推荐北苑贡茶之作。分上、下两篇，主要论述烹试方法和所用器具，比较集中地反映了宋人品茶的技艺和审美特征。《茶录》是继《茶经》之后最有影响的茶学专著之一，也是传统茶艺形成的一个标志。自十世纪以降而形成的博大精深的我国茶文化，不能不提及《茶录》的文化和科学价值。蔡襄精心制作"小团茶"，上进给皇帝鉴赏，使建茶驰名全国外，还凭藉他的书法，勒石以传后世，使这一著作"稀世奇珍，永垂不朽"。

《茶录》作于皇祐三年（1051），刻石于治平元年（1064），拓本今存。传世版本十余种。今以《左氏百川学海》本，民国十年（1921）上海博古斋影印本录文，参校商务印书馆涵芬楼藏本排印《说郛》本。

自序

朝奉郎右正言同修起居注臣蔡襄上进。臣前因奏事，伏蒙陛下谕臣先任福建转运使日，所进上品龙茶，最为精好。臣退念草木之微，首辱陛下知鉴，若处之得地，则能尽其材。昔陆羽《茶经》，不第建安之品；丁谓《茶图》，独论采造之本，至于烹试，曾未有闻。臣辄条数事，简而易明，勒成二篇，名曰《茶录》。伏惟清闲之宴，或赐观采，臣不胜惶惧荣幸之至。谨序。

上篇论茶

色

茶色贵白。而饼茶多以珍膏油去声。其面，故有青黄紫黑之异。善别茶者，正如相工之际人气色也，隐然察之于内。以肉理润者为上，既已末之。黄白者受水昏重，青白者受水鲜明，故建安人开试，以青白胜黄白。

香

茶有真香。而入贡者微以龙脑和膏，欲助其香。建安民间试茶皆不入香，恐夺其真。若烹点之际，又杂珍果香草，其夺益甚。正当不用。

味

茶味主于甘滑。惟北苑凤凰山连属诸焙所产者味佳。隔溪诸山，虽及时加意制作，色味皆重，莫能及也。又有水泉不甘，能损茶味。前世之论水品者以此。

藏茶

茶宜箬叶而畏香药，喜温燥而忌湿冷。故收藏之家，以箬叶封裹入焙中，两三日一次，用火常如人体温，温则御湿润。若火多，则茶焦不可食。

炙茶

茶或经年，则香色味皆陈。于净器中以沸汤渍之，刮去膏油，一两重乃止。以钤箝之，微火炙干，然后碎碾。若当年新茶，则不用此说。

碾茶

碾茶先以净纸密裹，捶碎，然后熟碾。其大要，旋碾则色白，或经宿则色已昏矣。

罗茶

罗细则茶浮,粗则水浮。

候汤

候汤最难。未熟则沫浮,过熟则茶沉。前世谓之蟹眼者,过熟汤也。沉瓶中煮之不可辩,故曰候汤最难。

熁盏

凡欲点茶,先须熁盏令热。冷则茶不浮。

点茶

茶少汤多,则云脚散;汤少茶多,则粥面聚。建人谓之云脚、粥面。钞茶一钱匕,先注汤调令极匀,又添注入,环回击拂,汤上盏可四分则止。视其面色鲜白,著盏无水痕为绝佳。建安斗试,以水痕先者为负,耐久者为胜。故较胜负之说,曰相去一水、两水。

下篇论茶器

茶焙

茶焙编竹为之,裹以箬叶,盖其上,以收火也。隔其中,以有容也。纳火其下,去茶尺许,常温温然,所以养茶色香味也。

茶笼

茶不入焙者，宜密封裹，以篛笼盛之，置高处，不近湿气。

砧椎

砧椎盖以砧茶。砧以木为之，椎或金或铁，取于便用。

茶钤

茶钤屈金铁为之，用以炙茶。

茶碾

茶碾以银或铁为之。黄金性柔，铜及喻石皆能生铇，音星。不入用。

茶罗

茶罗以绝细为佳。罗底用蜀东川鹅溪画绢之密者，投汤中揉洗以幂之。

茶盏

茶色白，宜黑盏。建安所造者绀黑，纹如兔毫，其坯微厚，胁之久热难冷，最为要用。出他处者，或薄或色紫，皆不及也。其青白盏，斗试家自不用。

茶匙

茶匙要重,击拂有力,黄金为上。人间以银、铁为之。竹者轻,建茶不取。

汤瓶

瓶要小者易候汤,又点茶注汤有准,黄金为上。人间以银、铁或瓷石为之。

后序

臣皇祐中修起居注,奏事仁宗皇帝,屡承天问以建安贡茶并所以试茶之状。臣谓论茶虽禁中语,无事于密,造《茶录》二篇上进。后知福州,为掌书记窃去藏藁,不复能记。知怀安县樊纪购得之,遂以刊勒行于好事者,然多舛谬。臣追念先帝顾遇之恩,揽本流涕,辄加正定,书之于石,以永其传。

治平元年五月二十六日,三司使给事中臣蔡襄谨记。

东溪试茶录

(宋)宋子安

《东溪试茶录》约撰于1064年前后。宋子安事迹无考。南宋晁公武(约1104—约1183)在其《郡斋读书志》中作朱子安,宋刻《百川学海》壬集收"东溪试茶录一卷"题作宋子安集,《宋史》艺文志亦作宋子安,清末王先谦校刊本《郡斋读书志》在"朱"字下注说"旧钞作宋"。又《宋史》艺文志作"东溪茶录",误脱"试"字。

宋子安因丁谓、蔡襄等记载建安茶事,尚有未尽,故写作此文。全文约三千字,首序论,次分总叙焙名、北苑、壑源、佛岭、沙溪、茶名、采茶、茶病等八目。对诸焙沿革及所属各茶园的位置、茶品等特点,叙述最为详尽。指出辨茶应辨茶所产之地,相去咫尺而茶品优劣悬殊,故详叙北苑、壑源等诸焙道里远近。

今以宋刻《左氏百川学海》民国影印本,参以商务印书馆排印涵芬楼《说郛》百卷本、《四库全书》录文校点。

隤首七闽,山川特异,峻极回环,势绝如瓯。其阳多银铜,其阴孕铅铁。厥土赤坟,厥植惟茶。会建而上,群峰益秀,迎抱相向，草木丛条。水多黄金，茶生其间，气味殊美。岂非山川重复，土地秀粹之气钟于是，而物得以宜欤？北苑西距建安之洄溪，二十里而近，东至东宫，百里而遥。姬名有三十六，东宫其一也。过洄溪、踰东宫，则仅能成饼耳，独北苑连属诸山者最胜。北苑前枕溪流，北涉数里，茶皆气弇然色浊，味尤薄恶，况其远者乎，亦犹橘过淮为枳也。近蔡公作《茶录》亦云"隔溪诸山，虽及时加意制造，色味皆重"矣。

今北苑焙风气亦殊。先春朝隮常雨，霁则雾露昏蒸，昼午犹寒，故茶宜之。茶宜高山之阴，而喜日阳之早。自北苑凤山南直苦竹园头，东南属张坑头，皆高远先阳处，岁发常早，芽极肥乳，非民间所比；次出壑源岭，高土沃地，茶味甲于诸焙。丁谓亦云："凤山高不百丈，无危峰绝崦，而岗阜环抱，气势柔秀，宜乎嘉植灵卉之所发也。又以建安茶品甲于天下，疑山川至灵之卉，天地始和之气，尽此茶矣。又论石乳出壑岭，断崖缺石之间，盖草木之仙骨。"丁谓之记，录建溪茶事详备矣。至于品载，止云北苑壑源岭，及总记官私诸焙千三百三十六耳。近蔡公亦云"唯北苑凤凰山连属诸焙所产者味佳"，故四方以建茶为目，皆曰北苑。建人以近山所得，故谓之壑源。好者亦取壑源口南诸叶，皆云弥珍绝，传致之间，识者以色味品第，反以壑源为疑。今书所异者，从二公纪土地胜绝之目，具疏园陇百名之异，香味精粗之别，庶知茶于草木为灵最矣。去亩步之间，别移其性，又以佛岭叶源沙溪附见，以质二焙之美，故曰《东溪试茶录》。自东宫、西溪、南焙、北苑，皆不足品第，今略而不论。

总叙焙名_{北苑诸焙，或还民间，或隶北苑，前书未尽。今始终其事。}

旧记建安郡官焙三十有八，自南唐岁率六县民采造，大为民间所苦。我宋建隆已来，环北苑近焙，岁取上供，外焙俱还民间而裁税之。至道年中，始分游坑、临江、汾常、西蒙洲、西小丰、大熟，六焙隶南剑；又免五县茶民，专以建安一县民力裁足之，而除其口率。泉庆历中，取苏口、曾坑、石坑、重院，还属北苑焉。又"丁氏旧录"云，官私之焙千三百三十有六，而独记官焙三十二：东山之焙十有四，北苑龙焙一，乳橘内焙二，乳橘外焙三，重院四，壑岭五，谓源六，范源七，苏口八，东宫九，石坑十，建溪十一，香口十二，火梨十三，开山十四；南溪之焙十有二，下瞿一，蒙洲东二，汾东三，南溪四，斯源五，小香六，际会七，谢坑八，沙龙九，南乡十，中瞿十一，黄熟十二；西溪之焙四，慈善西一，慈善东二，慈惠三，船坑四；北山之焙二，慈善东一，丰乐二。

北苑_{曾坑、石坑附。}

建溪之焙三十有二，北苑首其一，而园别为二十五。苦竹园头甲之，鼯鼠窠次之，张坑头又次之。

苦竹园头连属窠坑，在大山之北，园植北山之阳，大山多修木丛林，郁荫相及。自焙口达源头五里，地远而益高，以园多苦竹，故名曰苦竹；以高远居众山之首，故曰园头。直西定山之限，土石迥向如窠然，南挟泉流积阴之处，而多飞鼠，故曰鼯鼠窠。其下曰小苦竹园。又西至于大园，绝山尾，疎竹蓊翳，昔多飞雉，故曰鸡薮窠。又南出壤园、麦园，言其土壤沃宜莽麦也。自青山曲折而北，岭势属如贯鱼，凡十有二。又限曲如窠巢者九，其地利为九窠十二垄，限深绝数里，曰庙坑，坑有山神祠焉。又焙南直东，岭极高峻，曰教练垄。东入张坑，南距苦竹带北，冈势横直，故曰坑。坑又北，出凤凰山，其势中跱，如凤之首，两山相向，如凤之翼，因取象焉。凤凰山东南至于袁云垄，又南至于张坑，又南最高处，曰张坑头。言昔有袁氏、张氏居于此，因名其地焉。出袁云之北平下，故曰平园。绝岭之表，曰西际，其东为东际。焙东之山，萦纡如带，故曰带园；其中曰中历坑，东又曰马鞍山，又东黄淡窠，谓山多黄淡也。

绝东为林园，又南曰柢园，又有苏口焙，与北苑不相属。昔有苏氏居之，其园别为四，其最高处曰曾坑，际上又曰尼园，又北曰官坑，上园下坑园，庆历中始入北苑，岁贡有曾坑上品一斤，丛出于此。曾坑山浅土薄，苗发多紫，复不肥乳，气味殊薄。今岁贡以苦竹园茶充之，而蔡公《茶录》亦不云曾坑者佳。又石坑者，涉溪东北，距焙仅一舍，诸焙绝下。庆历中分属北苑，园之别有十：一曰大番，二曰石鸡望，三曰黄园，四曰石坑古焙，五曰重院，六曰彭坑，七曰莲湖，八曰严历，九曰乌石高，十曰高尾，山多古木修林，今为本焙取材之所。园焙岁久，今废不开，二焙非产茶之所，今附见之。

壑源叶源附。

建安郡东望北苑之南山，丛然而秀，高峙数百丈，如郛郭焉，民间所谓捍火山也。其绝顶西南，下视建之地邑。民间谓之望州山。山起壑源口而西，周抱北苑之群山，迤逦南绝其尾，岿然山阜高者为壑源头，言壑源岭山自此首也。大山南北以限沙溪，其东曰壑水之所出。水出山之南，东北合为建溪。壑源口者，在北苑之东北，南径数里。有僧居曰承天，有园陇北，税官山，其茶甘香特胜。近焙受水，则浑然色重，粥面无泽。道山之南，又西至于章历，章历西曰后坑，西曰连焙，南曰焙上，又南曰新宅，又西曰岭根，言北山之根也。茶多植山之阳，其土赤埴，其茶香少而黄白。岭根有流泉，清浅可涉，涉泉而南，山势回曲，东去如钩，故其地谓之壑岭坑，头茶为胜。绝处又东，别为大窠坑头，至大窠为正壑岭，寔为南山。土皆黑埴，茶生山阴，厥味甘香，厥色青白，及受水则淳淳光泽；民间谓之冷粥面。视其面，涣散如粟，虽去社茅叶过老，色益青明，气益郁然，其止则苦去而甘至。民间谓之草木大而味大是也。他焙芽叶遇老，色益青浊，气益勃然，甘至则味去而苦留为异矣。大窠之东，山势平尽，曰壑岭尾，茶生其间，色黄而味多土气。绝大窠南山，其阳曰林坑，又西南曰壑岭根，其西曰壑岭头，道南山而东曰穿栏焙，又东曰黄际，其北曰李坑，山渐平下，茶色黄而味短。

自壑岭尾之东南，溪流缭绕，冈阜不相连附，极南坞中曰长坑，踰岭为叶源，又东为梁坑，而尽于下湖。叶源者，土赤多石，茶生其中，色多黄青，无粥面粟纹而颇明爽，复性重喜沉为次也。

佛岭

佛岭连接叶源下湖之东，而在北苑之东南。隔壑源溪水，道自章阪东际为丘坑，坑口西对壑源，亦曰壑口，其茶黄白而味短。东南曰曾坑，今属北苑。其正东曰后历，曾坑之阳曰佛岭。又东至于张坑，又东曰李坑，又有硬头、后洋、苏池、苏源、郭源、南源、毕源、苦竹坑、歧头、槎头，皆周环佛岭之东南，茶少甘而多苦，色亦重浊。又有筭源、筭音胆，未详此字。石门、江源、白沙，皆在佛岭之东北，茶泛然缥尘色而不鲜明，味短而香少，为劣耳。

沙溪

沙溪去北苑西十里，山浅土薄，茶生则叶细，芽不肥乳。自溪口诸焙，色黄而土气。自龚漈南曰挺头，又西曰章坑，又南曰永安，西南曰南坑，漈其西曰砰溪，又有周坑、范源、温汤、漈厄源、黄坑、石龟、李坑、章坑、章村、小梨，皆属沙溪。茶大率气味全薄，其轻而浮，浡浡如土色，制造亦殊。壑源者不多留膏，盖以去膏尽则味少而无泽也，茶之面无光泽也。故多苦而少甘。

茶名 茶之名类殊别，故录之。

茶之名有七。一曰白叶茶，民间大重，出于近岁，园焙时有之。地不以山川远近，发不以社之先后，芽叶如纸，民间以为茶瑞。取其第一者为斗茶，而气味殊薄，非食茶之比。今出壑源之大窠者六，叶仲元、叶世万、叶世荣、叶勇、叶世积、叶相。壑源岩下一，叶务滋。源头二，叶团、叶肱。壑源后坑一，叶久。壑源岭根三，叶公、叶品、叶居。林坑黄漈一，游容。丘坑一，游用章。毕源一，王大照。佛岭尾一，游道生。沙溪之大梨漈上一，谢汀。高石岩一，云擦院。大梨一，吕演。砰溪岭根一，任道者。次有柑叶茶，树高丈余，径头七八寸，叶厚而圆，状类柑橘之叶，其芽发即肥乳，长二寸许，为食茶之上品。三曰早茶，亦类柑叶，发常先春，民间采制，为试焙者。四曰细叶茶，叶比柑叶细薄，树高者五六尺，芽短而不乳，今生沙溪山中，盖土薄而不茂也。五曰稽茶，叶细而厚密，芽晚而青黄。六曰晚茶，盖鸡茶之类，发比诸茶晚，生于社后。七曰丛茶，亦曰糵茶，丛生高不数尺，一岁之间，发者数四，贫民取以为利。

采茶 办茶须知制造之始，故次。

建溪茶比他郡最先，北苑壑源者尤早，岁多暖则先惊蛰十日即芽，岁多寒则后惊蛰五日始发。先芽者气味俱不佳，唯过惊蛰者最为第一。民间常以惊蛰为候，诸焙后北苑者半月，去远则益晚。凡采茶必以晨兴，不以日出，日出露晞，为阳所薄，则使芽之膏腴立耗于内，茶及受水而不鲜明，故常以早为最。

凡断芽必以甲，不以指，以甲则速断不柔，以指则多温易损。择之必精，濯之必洁，蒸之必香，火之必良，一失其度，俱为茶病。民间常以春阴为采茶得时，日出而采则芽叶易损，建人谓之采摘不鲜，是也。

茶病 试茶辨味，必须知茶之病，故又次之。

芽择肥乳，则甘香，而粥面着盏而不散；土瘠而芽短，则云脚涣乱，去盏而易散。叶梗半则受水鲜白，叶梗短则色黄而泛。梗谓芽之身，除去白合处，茶民以茶之色味俱在梗中。乌蒂白合，茶之大病。不去乌蒂，则色黄黑而恶；不去白合，则味苦涩。丁谓之论备矣。蒸芽必熟，去膏必尽。蒸芽未熟，则草木气存；适口则知。去膏未尽，则色浊而味重。受烟则香夺，压黄则味失，此皆茶之病也。受烟谓过黄时，火中有烟，使茶香尽而烟臭不去也；压去膏之时，久留茶黄未造，使黄经宿，香味俱失，弇然气如假鸡卵，臭也。

本朝茶法

（宋）沈　括

沈括（1031—1095），北宋科学家、政治家，字存中，号梦溪丈人，杭州钱塘（今浙江杭州）人，嘉祐八年进士。熙宁中参与王安石变法，熙宁五年（1072）提举司天监，次年赴两浙考察水利、差役。熙宁八年使辽，斥其争地要求。次年任翰林学士，权三司使，整顿陕西盐政。后知延州（今陕西延安），加强对西夏的防御。元丰五年（1082年）以徐禧失陷永乐城（今陕西米脂西），连累坐贬。晚年居润州（今江苏镇江东），筑梦溪园，举平生见闻，撰《梦溪笔谈》。

沈括晚年用笔记文学体裁写成传世著作《梦溪笔谈》，凡二十六卷，加上《补笔谈》三卷和《续笔谈》一卷，共列六百零九条，遍及天文、数学、物理、化学、地学、生物、冶金、机械、营造、造纸技术等各个方面，内容十分广泛、丰富。《梦溪笔谈》所记述的我国古代许多科学成就，均达到了当时世界的最高水平，英国著名科学史家李约瑟称《梦溪笔谈》是"中国科学史上的坐标"。

《梦溪笔谈·官政》凡两卷三十四条，涉及茶法、盐法、钱法、赋税制度、物价平衡、京师供米之数、漕运、陆运、治水、赈灾、边境守备、行政区划变动、法令、司法案例、吏禄、驿站制度等内容。大部分条目均与国家财政有关，而言及茶法、盐法尤详，并有具体的统计数字。它们大多是沈括任三司使时所掌握的资料，具有重要的经济史料价值。

《**本朝茶法**》选自《梦溪笔谈·官政二》（卷十二）中后半卷"本朝茶法"条。《说郛》和《五朝小说》录出作为一书，即用该段首四字题名为《**本朝茶法**》，共千余字，主要记述北宋时期茶税和茶叶专卖之事，对研究茶史具有重要参考价值。《官政二》中另有"国朝茶利"条，也是有关北宋茶税的重要记录。今以涵芬楼旧藏明抄本《说郛》（民国时期影印本）录文，参以《文渊阁四库全书》校点。

本朝茶法

乾德二年，始诏在京、建州、汉、蕲口各置榷货务。五年，始禁私卖茶，从不应为情理重。太平兴国二年，删定禁法条贯，始立等科罪。淳化二年，令商贾就园户买茶，公于官场贴射，始行贴射法。淳化四年，初行交引，罢贴射法。西北入粟，给交引，自通利军始。是岁，罢诸处榷货务，寻复依旧。至咸平元年，茶利钱以一百三十九万二千一百一十九贯为额。至嘉祐三年，凡六十一年，用此额，官本杂费皆在内，中间时有增亏，岁入不常。咸平五年，三司使王嗣宗始立三分法，以十分茶价，四分给香药，三分犀象，三分茶引。六年，又改支六分香药犀象，四分茶引。景德二年，许人入中钱、帛、金银，谓之"三说"。至祥符九年，茶引益轻，用知秦州曹玮议，就永兴、凤翔以官钱收买客引，以捄引价，前此累增加饶钱。至天祐二年，镇戎军纳大麦一斗，本价通加饶，共支钱一贯二百五十四。乾兴元年，改三分法，支茶引三分，东南见钱二分半，香药四分半。天圣元年，复行贴射法，行之三年，茶利尽归大商，官场但得黄晚恶茶，乃诏孙奭重议，罢贴射法。明年，推治元议省吏，计覆官、旬献官皆决配沙门岛，元详定枢密副使张邓公、参知政事吕许公、鲁肃简各罚俸一月，御史中丞刘筠、入内内侍省副都知周文质、西上阁门使薛招廓、三部副使各罚铜二十斤，前三司使李谘落枢密直学士，依旧知洪州。皇祐三年，算茶依旧只用见钱。至嘉祐四年二月五日，降敕罢茶禁。

国朝六榷货务

十三山场，都卖茶，岁一千五十三万三千七百四十七斤半，租额钱二百二十五万四千四十七贯一十。其六榷货务取最中，嘉祐六年抛占茶五百七十三万六千七百八十六斤半，租额钱一百九十六万四千六百四十七贯二百七十八：荆南府租额钱三十一万五千一百四十八贯三百七十五，受纳潭、鼎、澧、岳、归、峡州、荆南府片散茶共八十七万五千三百五十七斤；汉阳军租额钱二十一万八千三百二十一贯五十一，受纳鄂州片茶二十三万八千三百斤半；蕲州蕲口租额钱三十五万九千八百三十九贯八百一十四，受纳潭、建州、兴国军片茶五十万斤；无为军租额钱三十四万八千六百二十贯四百三十，受纳潭、筠、袁、池、饶、建、歙、江、洪州、南康、兴国军片散茶共八十四万二千三百三十三斤；真州租额钱五十一万四千二十二贯九百三十二，受纳潭、袁、池、饶、歙、建、抚、筠、宣、江、吉、洪州、兴国、临江、南康军片散茶共二百八十五万六千二百六斤；海州租额钱三十万八千七百三贯六百七十六，受纳睦、湖、杭、越、衢、温、婺、台、常、明饶、歙州片散茶共四十二万四千五百九十斤。十三山场租额钱共二十八万九千三百九十九贯七百三十三，共买茶四百七十九万六千九百六十一斤：光州光山场买茶三十万七千二百十六斤，卖钱一万二千四百五十六贯；子安场买茶二十二万八千二十斤，卖钱一万三千六百八十九贯三百四十八；商城场买茶四十万五百五十三斤，卖钱二万七千七十九贯四百四十六；寿州麻步场买茶三十三万一千八百三十三斤，卖钱二万四千八百一十一贯三百五十；霍山场买茶五十三万二千三百九斤，卖钱三万五千五百九十五贯四百八十九；开顺场买茶二十六万九千七十七斤，卖钱一万七千一百三十贯；庐州王同场买茶二十九万七千三百二十八斤，卖钱一万四千三百五十七贯六百四十二；黄州麻城场买茶二十八万四千二百七十四斤，卖钱一万二千五百四十贯；舒州罗源场买茶一十八万五千八十二斤，卖钱一万四百六十九贯七百八十五；太湖场买茶八十二万九千三十二斤，卖钱三万六千九十六贯六百八十；

蕲州洗马场买茶四十万斤,卖钱二万六千三百六十贯;王祺场买茶一十八万二千二百二十七斤,卖钱一万一千九百五十三贯九百九十二;石桥场买茶五十五万斤,卖钱三万六千八十贯。

品茶要录

(宋) 黄 儒

黄儒(生卒年不详),字道辅,北宋建安(今福建建瓯县)人。据《四库全书总目》记载:"儒字道辅,陈振孙《直斋书录解题》作道父者误也。建安人。熙宁六年(1073)进士。此书不载于《宋史·艺文志》。明新安程百二始刊之。有苏轼书后一篇,称儒博学能文,不幸早亡云。其文见阁本《东坡外集》,上元焦竑因录附其后。然《东坡外集》实伪本,则此文亦在疑信间也。"按今本《书录解题》也没有收录此书,只是《文献通考》转引说:"陈氏曰,建安黄儒道父撰,元祐中东坡尝跋其后。"

《品茶要录》撰于熙宁八年(1075)前后,在蔡襄《茶录》后,早《大观茶论》三十余年。黄儒觉得陆羽《茶经》中疏忽了建安茶,故特述茶的鉴别标准,列出因采制不当或故意不当,而使茶味失色的十项缺点。全书十篇,一至九篇论制茶应避免采造过时、白合盗叶、入杂、蒸不熟、过熟、焦釜、压黄、渍膏、伤焙等弊端,第十篇论茶叶产地的重要。大旨以茶之采制,各有其法,低昂得失,所辨甚微。园民射利售欺,易以淆混,故特详著其病以示人。与其他茶著惟论产地品类及烹试器具者，用意稍别。属北宋茶品鉴别的专著。

北宋时的制茶与现今相去甚远，然仍有似曾相识之感。升平时代，茶事兴起，行业的逐利行为难以抑制，为博取更高利润，急功近利，以次充好。譬如"白合盗叶"，说是芽头则混入叶片，说是叶片则混入叶梗；"入杂"，茶叶中掺些柿树叶；"伤焙"，本该细火慢焙的，则"欲速干以见售"，诸如此类的手法，千年来一脉相承。"后论"中更有一段堪称经典之论，大意是：现今茶不少，精品不多；得到精品的，不一定知道；知道的，不一定懂冲泡；懂冲泡的，不一定有合适的场所；等到都具备了，又不一定有志趣相投的宾客。"夫惟知此，然后尽茶之事。"

《品茶要录》有明程百二刊本、《说郛》本、《五朝小说》本、清《古今图书集成》本等传世。今以商务印书馆排印涵芬楼《说郛》百卷本、并参《四库全书》录文校点。

自序

说者尝怪陆羽《茶经》不第建安之品。盖前此茶事未甚兴，灵芽真笋，往往委翳消腐，而人不知惜。自国初已来，士大夫沐浴膏泽，咏歌升平之日久矣。夫体势洒落，神观冲淡，惟兹茗饮为可喜。园林亦相与摘英夸异，制卷鬻新而趋时之好，故殊绝之品始得自出于榛莽之间，而其名遂冠天下。借使陆羽复起，阅其金饼，味其云腴，当爽然自失矣。因念草木之材，一有负瑰伟绝特者，未尝不遇时而后兴，况于人乎！然士大夫间为珍藏精试之具，非会雅好真，未尝辄出。其好事者，又尝论"其采制之出入，器用之宜否，较试之汤火，图于缣素，传玩于时，独未有补于赏鉴之明耳"。盖园民射利，膏油其面，色品味易辨而难评。予因收阅之暇，为原采造之得失，较试之低昂，次为十说，以中其病，题曰《品茶要录》云。

一、采造过时

茶事起于惊蛰前，其采芽如鹰爪，初造曰试焙，又曰一火，其次曰二火。二火之茶，已次一火矣。故市茶芽者，惟同出于三火前者为最佳。尤喜薄寒气候，阴不至于冻。芽发时尤畏霜，有造于一火二火皆遇霜，而三火霜霁，则三火之茶已胜矣。时不至于暄，则谷芽含养约勤而滋长有渐，采工亦优为矣。凡试时泛色鲜白，隐于薄雾者，得于佳时而然也。有造于积雨者，其色昏黄；或气候暴暄，茶芽蒸发，采工汗手熏渍，拣摘不给，则制造虽多，皆为常品矣。试时色非鲜白、水脚微红者，过时之病也。

二、白合盗叶

茶之精绝者曰斗，曰亚斗，其次拣芽、茶芽。斗品虽最上，园户或止一株，盖天材间有特异，非能皆然也。且物之变势无穷，而人之耳目有尽，故造斗品之家，有昔优而今劣、前负而后胜者。虽人工有至有不至，亦造化推移不可得而擅也。其造，一火曰斗，二火曰亚斗，不过十数铐而已。拣芽则不然，遍园陇中择去其精英者耳。其或贪多务得，又滋色泽，往往以白合盗叶间之。试时色虽鲜白，其味涩淡者，间白合盗叶之病也。一鹰爪之芽，有两小叶抱而生者，白合也。新条叶之抱生而色白者，盗叶也。造拣芽常剔取鹰爪，而白合不用，况盗叶乎。

三、入杂

物固不可以容伪，况饮食之物，尤不可也。故茶有入他叶者，建人号为"入杂"。铐列入柿叶，常品入桴槛叶。二叶易致，又滋色泽，园民欺售直而为之也。试时无粟纹甘香，盏面浮散，隐如微毛，或星星如纤絮者，入杂之病也。善茶品者，侧盏视之，所入之多寡，从可知矣。向上下品有之，近虽铐列，亦或勾使。

四、蒸不熟

谷芽初采，不过盈箱而已，趣时争新之势然也。既采而蒸，既蒸而研。蒸有不熟之病，有过熟之病。蒸不熟，则虽精芽，所损已多。试时色青易沉，味为桃仁之气者，不蒸熟之病也。唯正熟者，味甘香。

五、过熟

茶芽方蒸,以气为候,视之不可以不谨也。试时色黄而粟纹大者,过熟之病也。然虽过熟,愈于不熟,甘香之味胜也。故君谟论色,则以青白胜黄白;予论味,则以黄白胜青白。

六、焦釜

茶蒸不可以逾久,久而过熟,又久则汤干,而焦釜之气上。茶工有泛新汤以益之,是致熏损茶黄。试时色多昏红,气焦味恶者,焦釜之病也。建人号为热锅气。

七、压黄

茶已蒸者为黄,黄细,则已入卷模制之矣。盖清洁鲜明,则香色如之。故采佳品者,常于半晓间冲蒙云雾,或以罐汲新泉悬胸间,得必投其中,盖欲鲜也。其或日气烘烁,茶芽暴长,工力不给,其采芽已陈而不及蒸,蒸而不及研,研或出宿而后制,试时色不鲜明,薄如坏卵气者,压黄之谓也。

八、渍膏

茶饼光黄,又如荫润者,榨不干也。榨欲尽去其膏,膏尽则有如干竹叶之色。唯饰首面者,故榨不欲干,以利易售。试时色虽鲜白,其味带苦者,渍膏之病也。

九、伤焙

夫茶本以芽叶之物就之卷模,既出卷,上笪焙之,用火务令通彻。即以灰覆之,虚其中,以热火气。然茶民不喜用实炭,号为冷火,以茶饼新湿,欲速干以见售,故用火常带烟焰。烟焰既多,稍失看候,以故熏损茶饼。试时其色昏红,气味带焦者,伤焙之病也。

十、辨壑源、沙溪

壑源、沙溪,其地相背,而中隔一岭,其势无数里之远,然茶产顿殊。有能出力移栽植之,不为土气所化。窃尝怪茶之为草,一物尔,其势必由得地而后异。岂水络地脉,偏钟粹于壑源?抑御焙占此大冈巍陇,神物伏护,得其余荫耶?何其芳甘精至而独擅天下也。观乎春雷一惊,筠笼才起,售者已担簦挈囊于其门,或先期而散留金钱,或茶才入笪而争酬所直,故壑源之茶常不足客所求。其有桀猾之园民,阴取沙溪茶黄,杂就家卷而制之,人徒趣其名,眡其规模之相若,不能原其实者,盖有之矣。凡壑源之茶售以十,则沙溪之茶售以五,其直大率仿此。然沙溪之园民,亦勇于为利,或杂以松黄,饰其首面。凡肉理怯薄,体轻而色黄,试时虽鲜白不能久泛,香薄而味短者,沙溪之品也。凡肉理实厚,体坚而色紫,试时泛盏凝久,香滑而味长者,壑源之品也。

后论

予尝论茶之精绝者,其白合未开,其细如麦,盖得青阳之轻清者也。又其山多带砂石而号佳品者,皆在山南,盖得朝阳之和者也。予尝事闲,乘暮景之明净,适轩亭之潇洒,一取佳品尝试,既而神水生于华池,愈甘而清,其有助乎!然建安之茶,散天下者不为少,而得建安之精品不为多,盖有得之者亦不能辨,能辨矣,或不善于烹试,善烹试矣,或非其时,犹不善也,况非其宾乎?然未有主贤而宾愚者也。夫惟知此,然后尽茶之事。昔者陆羽号为知茶,然羽之所知者,皆今之所谓草茶。何哉?如鸿渐所论"蒸芽并叶,畏流其膏",盖草茶味短而淡,故常恐去膏;建茶力厚而甘,故惟欲去膏。又论福建而为"未详,往往得之,其味极佳"。由是观之,鸿渐未尝到建安欤?

斗茶记

(宋)唐 庚

唐庚(1070—1120),字子西,眉州丹棱(今四川眉山市)人。绍圣(1094)进士,官宗子博士,终议郎。有《眉山文集》传世。

撰写《斗茶记》时,唐庚被贬惠州已逾两年。政和二年(1112)三月的一天,作者与二三友人烹茶相斗为乐,因而写成此文。斗茶,又叫斗茗,即比赛茶的优劣。斗茶风尚始于唐盛于宋,为北宋时期自宫廷至民间文人雅士所钟爱的雅玩。参与斗茶者,要各自献出所藏名茶,或当年新茶,一一品尝。斗茶项目包括茶的色相、茶的芳香、茶汤醇度,乃至茶具优劣等等,经众人品评,以上乘者为胜。

《斗茶记》先叙"寄傲斋斗茶"活动的时间、地点、参与者,及斗茶的结果。虽然没有直叙斗茶经过,也没有介绍斗茶次第的评判标准,但以例举唐李德裕千里取水、宋欧阳修把贡茶藏了七年还舍不得吃的事例,来阐明文章的观点。文末说自己贬谪惠州,却能时时"提瓶走龙塘无数十步",便能获取龙塘活水;每年新茶上市便能获得建安新茶,"得与诸公从容谈笑于此",充分表现了唐庚随性而适、豁达乐观的心态。

《斗茶记》因提出品茶在于"茶不问团铤，要之贵新；水不问江井，要之贵活"的观点，在中国茶文化史上产生重要影响，为历代所重视，《说郛》、《古今图书集成》等均有收入。今以《四库全书》本为底本，参校《说郛》本整理录文。

政和二年三月壬戌，二三君子相与斗茶于寄傲斋。予为取龙塘水烹之，而第其品。以某为上，某次之，某闽人，其所赍宜尤高，而又次之。然大较皆精绝。盖尝以为天下之物有宜得而不得，不宜得而得之者。富贵有力之人或有所不能致，而贫贱穷厄流离迁徙之中或偶然获焉。所谓"尺有所短，寸有所长"，良不虚也。唐相李卫公好饮惠山泉，置驿传送，不远数千里，而近世欧阳少师作《龙茶录序》，称嘉祐七年亲享明堂，致斋之夕，始以小团分赐二府，人给一饼，不敢碾试，至今藏之。时熙宁元年也。吾闻茶不问团铤，要之贵新；水不问江井，要之贵活。千里致水，真伪固不可知，就令识真，已非活水。自嘉祐七年壬寅至熙宁元年戊申，首尾七年，更阅三朝，而赐茶犹在，此岂复有茶也哉。

今吾提瓶走龙塘无数十步，此水宜茶，昔人以为不减清远峡。而海道趋建安不数日可至，故每岁新茶不过三月至矣。罪戾之余，上宽不诛，得与诸公从容谈笑于此，汲泉煮茗取一时之适，虽在田野，孰与烹数千里之泉、浇七年之赐茗也哉。此非吾君之力欤。夫耕凿食息，终日蒙福而不知为之者，直愚民耳，岂吾辈谓耶。是宜有所纪述，以无忘在上者之泽云。

大观茶论

(宋)赵　佶

赵佶(1082—1135),北宋皇帝,书画家、茶艺鉴赏家。宣和七年(1125)金兵南下,靖康二年(1127)为金兵所俘,后死于五国城(今黑龙江依兰),终年54岁,葬于永佑陵(今浙江绍兴东南)。作为皇帝的宋徽宗,在位二十六年,治国无方,政治军事腐朽黑暗;作为艺术家的赵佶,却通晓音律,工于书画,乃至对茶事也极其精通。以皇帝的身份撰写茶事专著,在中国历史上恐怕是绝无仅有的一个。

北宋大观元年(1107),赵佶撰写了《茶论》。全书共二十篇,近三千字,对北宋时期茶的产地、采制、烹试、品第等均有详细记述。对当时的贡茶,由此盛行于宫廷和文人雅士间的斗茶风尚,以及斗茶的用具等,花了不少笔墨。这反映了一个朝代的一种时尚,同时也为历史保留了宋代茶文化的一个片断。

其中"点茶"一篇,描摹尤为精彩,点茶讲究力的大小、力和用具的配合使用,对手指、腕力的描述更为精辟,点茶的乐趣跃然纸上。从一个侧面反映了北宋时期我国制茶技术的精湛考究和茶文化的高度繁荣。赵佶在序中写道:"至若茶之为物,擅瓯闽之秀气,钟山川之灵禀,祛襟涤滞,致清导和,则非庸人孺子可得而知矣;中澹闲洁,韵高致静,则非遑遽之时可得而好尚矣。"对茶之于人的性情陶冶和饮茶心境作了精妙的概括。

赵佶的《茶论》自《说郛》刊刻,始改今名,后人称之为《大观茶论》。另有《古今图书集成》刊本等。今以商务印书馆排印涵芬楼《说郛》百卷本整理录文。

序

尝谓首地而倒生,所以供人求者,其类不一。谷粟之于饥,丝枲之于寒,虽庸人孺子皆知常须而日用,不以时岁之舒迫而可以兴废也。至若茶之为物,擅瓯闽之秀气,钟山川之灵禀,祛襟涤滞,致清导和,则非庸人孺子可得而知矣;中澹闲洁,韵高致静,则非遑遽之时可得而好尚矣。本朝之兴,岁修建溪之贡,龙团凤饼,名冠天下,而壑源之品,亦自此而盛。延及于今,百废俱举,海内晏然,垂拱密勿,幸致无为。缙绅之士,韦布之流,沐浴膏泽,熏陶德化,盛以雅尚相推,从事茗饮。故近岁以来,采择之精,制作之工,品第之胜,烹点之妙,莫不盛造其极。且物之兴废,固自有时,然亦系乎时之汙隆。时或遑遽,人怀劳悴,则向所谓常须而日用,犹且汲汲营求,惟恐不获,饮茶何暇议哉。世既累洽,人恬物熙,则常须而日用者,固久厌饫狼藉,而天下之士,励志清白,兢为闲暇修索之玩，莫不碎玉锵金，啜英咀华。较箧笥之精，争鉴裁之别，虽下士于此时，不以蓄茶为羞，可谓盛世之清尚也。呜呼！至治之世，岂惟人得以尽其材，而草木之灵者，亦得以尽其用矣。偶因暇日，研究精微，所得之妙，后人有不自知为利害者，叙本末列于二十篇，号曰《茶论》。

地产

植产之地，崖必阳，圃必阴。盖石之性寒，其叶抑以瘠，其味疏以薄，必资阳和以发之；土之性敷，其叶疏以暴，其味强以肆，必资阴荫以节之。今圃家皆植木以资茶之阴。阴阳相济，则茶之滋长得其宜。

天时

茶工作于惊蛰，尤以得天时为急。轻寒，英华渐长，条达而不迫，茶工从容致力，故其色味两全。若或时旸郁燠，芽甲奋暴，促工暴力随槁，晷刻所迫，有蒸而未及压，压而未及研，研而未及制，茶黄留积，其色味所失已半。故焙人得茶天为庆。

采择

撷茶以黎明，见日则止。用爪断芽，不以指揉，虑气汗熏渍，茶不鲜洁。故茶工多以新汲水自随，得芽则投诸水。凡芽如雀舌谷粒者为斗品，一枪一旗为拣芽，一枪二旗为次之，余斯为下。茶之始芽萌则有白合，既撷则有乌带，白合不去害茶味,乌带不去害茶色。

蒸压

茶之美恶、尤系于蒸芽压黄之得失。蒸太生则芽滑,故色清而味烈;过熟则芽烂,故茶色赤而不胶。压久则气竭味漓,不及则色暗味涩。蒸芽欲及熟而香,压黄欲膏尽亟止。如此,则制造之功,十已得七八矣。

制造

涤芽惟洁,濯器惟净,蒸压惟其宜,研膏惟热,焙火惟良。饮而有少砂者,涤濯之不精也;文理燥赤者,焙火之过熟也。夫造茶,先度日晷之短长,均工力之众寡,会采择之多少,使一日造成,恐茶过宿,则害色味。

鉴辨

茶之范度不同,如人之有面首也。膏稀者,其肤蹙以文;膏稠者,其理敛以实;即日成者,其色则青紫;越宿制造者,其色则惨黑。有肥凝如赤蜡者,末虽白,受汤则黄;有缜密如苍玉者,末虽灰,受汤愈白。有光华外暴而中暗者,有明白内备而表质者,其首面之异同,难以概论。要之,色莹彻而不驳,质缤绎而不浮,举之凝结,碾之则铿然,可验其为精品也。有得于言意之表者,可以心解。又有贪利之民,购求外焙已采之芽,假以制造,碎已成之饼,易以范模。虽名氏采制似之,其肤理色泽，何所逃于鉴赏哉。

白茶

白茶自为一种，与常茶不同，其条敷阐，其叶莹薄。崖林之间，偶然生出，虽非人力所可致。有者不过四五家，生者不过一二株，所造止于二三胯而已。芽英不多，尤难蒸焙，汤火一失，则已变而为常品。须制造精微，运度得宜，则表里昭彻，如玉之在璞，它无与伦也；浅焙亦有之，但品不及。

罗碾

碾以银为上，熟铁次之，生铁者非掏拣捶磨所成，间有黑屑藏于隙穴，害茶之色尤甚。凡碾为制，槽欲深而峻，轮欲锐而薄。槽深而峻，则底有准而茶常聚；轮锐而薄，则运边中而槽不戛。罗欲细而面紧，则绢不泥而常透。碾必力而速，不欲久，恐铁之害色；罗必轻而平，不压数，庶已细者不耗。惟再罗则入汤轻泛，粥面光凝，尽茶之色。

盏

盏色贵青黑，玉毫条达者为上，取其焕发茶采色也。底必差深而微宽，底深则茶宜立，而易于取乳；宽则运筅旋彻，不碍击拂。然须度茶之多少，用盏之大小，盏高茶少则掩蔽茶色，茶多盏小则受汤不尽。盏惟热则茶发立耐久。

筅

茶筅以筯竹老者为之。身欲厚重，筅欲疏劲，本欲壮而末必眇，当如剑脊之状。盖身厚重，则操之有力而易于运用，筅疏劲如剑脊，则击拂虽过而浮沫不生。

瓶

瓶宜金银，小大之制，惟所裁给。注汤害利，独瓶之口嘴而已。嘴之口差大而宛直，则注汤力紧而不散；嘴之末欲圆小而峻削，则用汤有节而不滴沥。盖汤力紧则发速有节，不滴沥则茶面不破。

杓

杓之大小，当以可受一盏茶为量，过一盏则必归其余，不及则必取其不足。倾杓烦数，茶必冰矣。

水

水以清轻甘洁为美。轻甘乃水之自然，独为难得。古人品水，虽曰中泠惠山为上，然人相去之远近，似不常得。但当取山泉之清洁者。其次，则井水之常汲者为可用。若江河之水，则鱼鳖之腥，泥泞之汙，虽轻甘无取。凡用汤以鱼目蟹眼连绎并跃为度，过老则以少新水投之，就火顷刻而后用。

点

点茶不一,而调膏继刻,以汤注之,手重筅轻,无粟文蟹眼者,谓之静面点。盖击拂无力,茶不发立,水乳未浃,又复增汤,色泽不尽,英华沦散,茶无立作矣。有随汤击拂,手筅俱重,立文泛泛,谓之一发点。盖用汤已故,指腕不圆,粥面未凝,茶力已尽,云雾虽泛,水脚易生。妙于此者,量茶受汤,调如融胶。环注盏畔,勿使侵茶。势不欲猛,先须搅动茶膏,渐加击拂,手轻筅重,指绕腕旋,上下透彻,如酵糵之起面,疏星皎月,灿然而生,则茶面根本立矣。第二汤自茶面注之,周回一线,急注急上,茶面不动,击拂既力,色泽渐开,珠玑磊落。三汤多寘,如前击拂,渐贵轻匀,周环旋复,表里洞彻,粟文蟹眼,泛结杂起,茶之色十已得其六七。四汤尚啬,筅欲转稍宽而勿速,其清真华彩,既已焕发,云雾渐生。五汤乃可少纵,筅欲轻匀而透达。如发立未尽,则击以作之;发立已过,则拂以敛之,结浚霭,结凝雪,茶色尽矣。六汤以观立作,乳点勃结则以筅着,居缓绕拂动而已。七汤以分轻清重浊,相稀稠得中,可欲则止。乳雾汹涌,溢盏而起,周回旋而不动,谓之咬盏。宜匀其轻清浮合者饮之。《桐君录》曰:"茗有饽,饮之宜人,虽多不为过也。"

味

夫茶以味为上。香甘重滑,为味之全,惟北苑壑源之品兼之。其味醇而乏风骨者,蒸压太过也。茶枪乃条之始萌者,木性酸,枪过长则初甘,重而终微涩。茶旗乃叶之方敷者,叶味苦，旗过老则初虽留舌而饮彻反甘矣。此则芽胯有之，若夫卓绝之品，真香灵味，自然不同。

香

茶有真香，非龙麝可拟。要须蒸及热而压之，及干而研，研细而造，则和美具足。入盏则馨香四达，秋爽洒然。或蒸气如桃人夹杂，则其气酸烈而恶。

色

点茶之色，以纯白为上真，青白为次，灰白次之，黄白又次之。天时得于上，人力尽于下，茶必纯白。天时暴暄，芽萌狂长，采造留积，虽白而黄矣。青白者蒸压微生，灰白者蒸压过熟。压膏不尽，则色青暗。焙火太烈，则色昏赤。

藏焙

数焙则首面干而香减，失焙则杂色剥而味散。要当新芽初生即焙，以去水陆风湿之气。焙用热火置炉中，以静灰拥合七分，露火三分，亦以轻灰糁覆，良久即置焙篓上，以逼散焙中润气。然后列茶于其中，尽展角焙，未可蒙蔽，候火速彻覆之。火之多少，以焙之大小增减。探手中炉，火气虽热，而不至逼人手者为良。时以手接茶，体虽甚热而无害，欲其火力通彻茶体耳。或曰，焙火如人体温，但能燥茶皮肤而已，内之湿润未尽，则复蒸暍矣。焙毕，即以用久竹漆器中缄藏之，阴润勿开，终年再焙，色常如新。

品名

名茶各以圣产之地。叶如耕之平园台星岩叶，刚之高峰青凤髓叶，思纯之大岚叶，屿之眉山叶，五崇林之罗汉上水桑芽叶，坚之碎石窠石臼窠叶、琼叶，辉之秀皮林叶，师复、师贶之虎岩叶，椿之无又岩芽叶，懋之老窠园叶。各擅其美，未尝混淆，不可概举。后相争相鬻，互为剥窃，参错无据，不知茶之美恶，在于制造之工拙而已，岂岗地之虚名所能增减哉。焙人之茶，固有前优而后劣者，昔负而今胜者，是亦园地之不常也。

外焙

世称外焙之茶，脔小而色驳，体耗而味淡。方之正焙，昭然则可。近之好事者，箧笥之中，往往半之蓄外焙之品。盖外焙之家，久而益工，制之妙，咸取则于壑源，效像规模摹外为正，殊不知其脔虽等而蔑风骨，色泽虽润而无藏蓄，体虽实而缜密乏理，味虽重而涩滞乏香，何所逃乎外焙哉？虽然，有外焙者，有浅焙者。盖浅焙之茶，去壑源为未远，制之能工，则色亦莹白，击拂有度，则体亦立汤，惟甘重香滑之味，稍远于正焙耳。于治外焙，则迥然可辨。其有甚者，又至于采柿叶桴榄之萌，相杂而造。味虽与茶相类，点时隐隐如轻絮，泛然茶面，粟文不生，乃其验也。桑苎翁曰："杂以卉莽，饮之成病。"可不细鉴而熟辨之。

宣和北苑贡茶录

（宋）熊 蕃

熊蕃（生卒年不详），字茂叔，建阳崇泰里（今福建建阳市）人。善文工诗，厌倦科举，自题其室曰"独善"，人称"独善先生"。在建安担任茶官时，潜心研究贡茶的采制及其沿革。

《宣和北苑贡茶录》撰于宣和年间（1121—1125）。宋太平兴国（976）初，朝廷遣使在建安凤凰山麓北苑造团茶。至宣和时，北苑贡茶盛极一时。熊蕃亲见当时景况，遂写此书，将宣和年间北苑建茶的源始、造茶时间、品名、制茶模具一一记下，为研究北苑茶史提供了第一手资料。文中记录宣和庚子岁漕臣郑可简始创"银线水芽"一事，尤为后人引用。

熊蕃之子熊克（1132—1204），弱冠即成进士，于绍兴戊寅（1158）摄事北苑。因父亲所撰"贡茶录"中，只列贡茶名称，没有形制，乃绘图三十八幅附入，又把父亲所作御苑采茶歌十首，附在篇末。淳熙九年（1182）冬，当时已是朝散郎行秘书郎兼国史编修官学士院权直的熊克，为父亲刻印了此书，至今已为研究北宋茶事的重要文献。在许多茶书中，本书作者标注为"熊蕃著，熊克增补"。《宣和北苑贡茶录》被收入

《永乐大典》和《四库全书》。

在北宋,茶叶主产区已由西南向东南转移。尤其福建贡茶,制作精良,名扬天下,因而梅尧臣有诗曰:"陆羽旧茶经,一意重蒙顶。比来唯建溪,团片敌汤饼。"如今说到北苑贡茶,就绕不开熊蕃和他的《宣和北苑贡茶录》,何况此书还附有熊克增补的贡茶形制图,让我们见识"万春银叶"、"乙夜清供"、"宜年宝玉"等的秀美与精致。今以《四库全书》本为底本、参校《说郛》本整理录文。

陆羽《茶经》、裴汶《茶述》,皆不第建品。说者但谓二子未尝至闽,而不知物之发也,固自有时。盖昔者山川尚阂,灵芽未露。至于唐末,然后北苑出为之最。是时,伪蜀词辞臣毛文锡作《茶谱》,亦第言建有紫笋,而蜡面乃产于福。五代之季,建属南唐。岁率诸县民,采茶北苑,初造研膏,继造蜡面。既又制其佳者,号曰"京铤"。圣朝开宝末,下南唐。太平兴国初,特置龙凤模,遣使即北苑造团茶,以别庶饮,龙凤茶盖始于此。又一种茶,丛生石崖,枝叶尤茂,至道初,有诏造之,别号"石乳",又一种号"的乳",又一种号"白乳"。盖自龙凤与石、的、白四种继出,而蜡面降为下矣。

盖龙凤等茶,皆太宗朝所制。至咸平初,丁晋公漕闽,始载之于《茶录》。庆历中,蔡君谟将漕,创造小龙团以进,旨仍岁贡之。自小团出,而龙凤遂为次矣。元丰间,有旨造密云龙,其品又加于小团之上。绍圣间,改为瑞云翔龙。至大观初,今上亲制《茶论》三十篇,以白茶与常茶不同,"偶然生出,非人力可致",于是白茶遂为第一。既又制三色细芽,及试新銙、贡新銙。自三色细芽出,而瑞云翔龙顾居下矣。

凡茶芽数品,最上曰"小芽",如雀舌鹰爪,以其劲直纤锐,故号芽茶;次曰"拣芽",乃一芽带一叶者,号"一枪一旗";次曰"紫芽",乃一芽带两叶者,号"一枪两旗";其带三叶、四叶,皆渐老矣。芽茶早春极少。景德中,建守周绛为《补茶经》,言"芽茶只作早茶,驰奉万乘尝之可矣。如一枪一旗,可谓奇茶也"。故一枪一旗,号"拣芽",最为挺特先正。舒王《送人官闽中诗》云"新茗斋中试一旗",谓拣芽也。或者乃谓茶芽未展为枪,已展为旗,指舒王此诗为误,盖不知有所谓拣芽也。夫拣芽犹贵如此,而况芽茶以供天子之新尝者乎。芽茶绝矣!至于水芽,则旷古未之闻也。宣和庚子岁,漕臣郑公可简始创为银线水芽。盖将已拣熟芽再剔去,只取其心一缕,用珍器贮清泉渍之,光明莹洁,若银线然,以制方寸新銙,有小龙蜿蜒其上,号"龙园胜雪"。又废白、的、石三乳,鼎造花銙二十余色。初,贡茶皆入龙脑,至是虑夺真味,始不用焉。盖茶之妙,至胜雪极矣,故合为首冠。然犹在白茶之次者,以白茶上之所好也。异时,郡人黄儒撰《品茶要录》,极称当时灵芽之富,谓使陆羽数子见之,必"爽然自失"。蕃亦谓"使黄君而阅今日,则前乎此者,未足诧焉"。然龙焙初兴,贡数殊少,累增至于元符,以片计者一万八千,视初已加数倍,而犹未盛。

今则为四万七千一百片有奇矣。此数见范逵所著《龙焙美成茶录》。逵，茶官也。自白茶、胜雪以次，厥名实繁，今列于左，使好事者得以观焉。

贡新銙 大观二年造　　　　试新銙 政和二年造

白茶 政和二年造　　　　　龙园胜雪 宣和二年造

御苑玉芽 大观二年　　　　万寿龙芽 大观二年

上林第一 宣和二年　　　　乙夜清供 宣和二年

承平雅玩 宣和二年　　　　龙凤英华 宣和二年

玉除清赏 宣和二年　　　　启沃承恩 宣和二年

雪英 宣和二年　　　　　　云叶 宣和二年

蜀葵 宣和二年　　　　　　金钱 宣和三年

玉华 宣和二年　　　　　　寸金 宣和三年

无比寿芽 大观四年　　　　万春银叶 宣和二年

宜年宝玉 宣和三年　　　　玉清庆云 宣和二年

无疆寿龙 宣和二年　　　　玉叶长春 宣和四年

瑞云翔龙 绍圣二年　　　　长寿玉圭 政和二年

兴国岩銙　　香口焙銙　　上品拣芽 绍圣二年

新收拣芽　　　　　　　　太平嘉瑞 政和二年

龙苑报春 宣和四年　　　　南山应瑞 宣和四年

兴国岩拣芽　兴国岩小龙　兴国岩小凤 已上号细色

拣芽　小龙　小凤　大龙　大凤 已上号粗色

又有琼林毓粹、浴雪呈祥、壑源拱秀、贡篚推先、价倍南金、旸谷先春、寿岩都胜、延平乳石、清白可鉴、凤韵甚高。

凡十色，皆宣和二年所制，越五岁省去。

右，岁分十余纲，惟白茶与胜雪，自惊蛰前兴役，浃日乃成。飞骑疾驰，不出仲春，已至京师，号为头纲。玉芽以下，即先后以次发，待贡足时，夏过半矣。欧阳文忠公诗曰："建安三千五百里，京师三月尝新茶。"盖异时如此。以今较昔，又为最早。因念草木之微，有瑰奇卓异，亦必逢时而后出，而况为士者哉。昔昌黎先生感二鸟之蒙采擢，而自悼其不如。今蕃于是茶也，焉敢效昌黎之感，姑务自警，而坚其守，以待时而已。

贡新銙　　竹圈银模　　方一寸三分

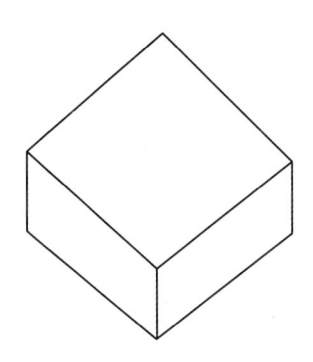

试新銙　　竹圈银模　　同上

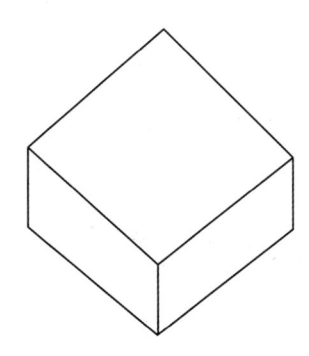

龙园胜雪　　竹圈银模　　同上

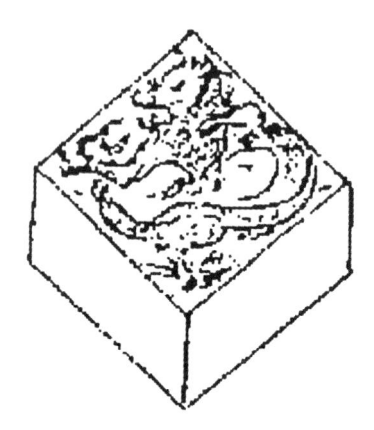

白茶　　　　银圈银模　　径一寸五分

御苑玉芽　　银圈银模　　径一寸五分

万寿龙芽　　银圈银模　　同上

上林第一　　　　　　方一寸五分

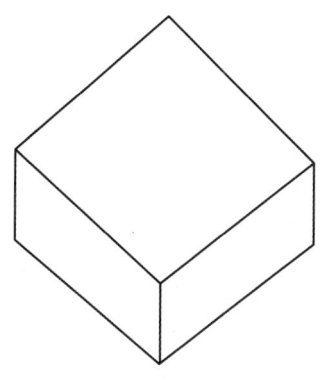

乙夜清供　　竹圈　　同上

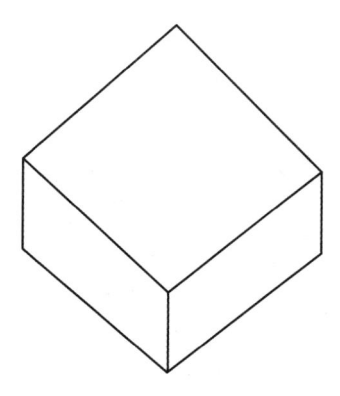

承平雅玩

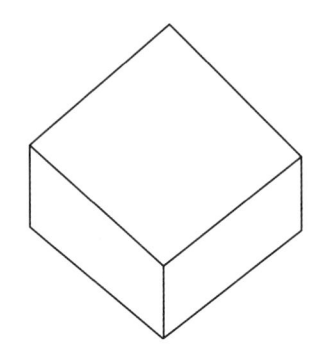

龙凤英华　　同上

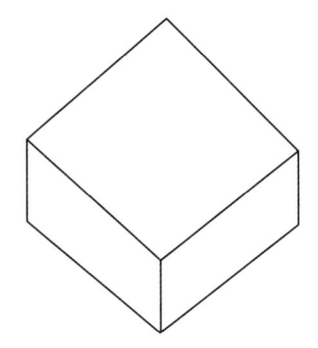

玉除清赏　　同上

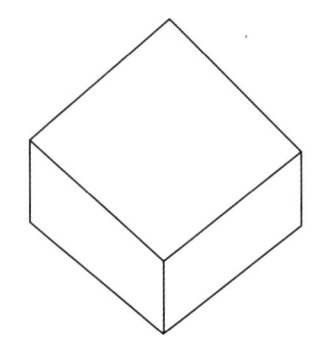

启沃承恩

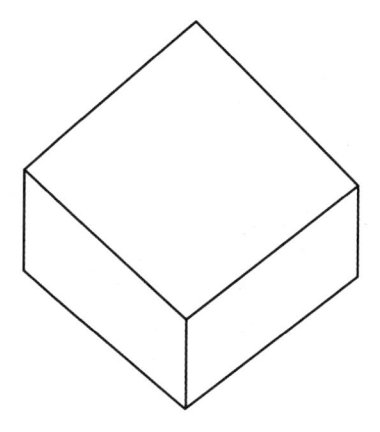

雪英　　　银圈银模　　横长一寸五分

云叶　　　银圈银模　　同上

蜀葵　　　　銀圈銀模　　径一寸五分

金钱　　　　银圈银模　　同上

玉华　　　　银模　　横长一寸五分

寸金　　　竹圈　　　方一寸二分

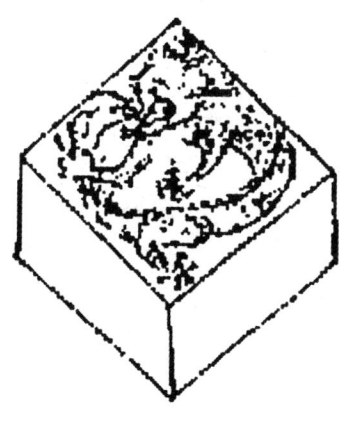

无比寿芽　　银圈竹模　　同上

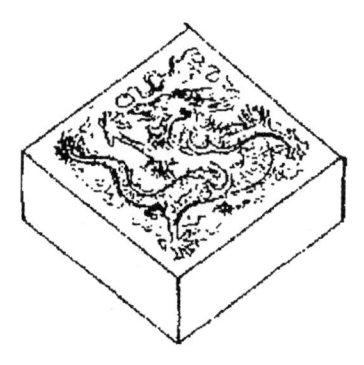

万春银叶　　银圈银模　　两尖径二寸二分

宜年宝玉　　银圈银模　　直长三寸

玉清庆云　　银圈银模　　方一寸八分

无疆寿龙　　银模竹圈　　直长一寸

玉叶长春　　竹圈　　直长三寸六分

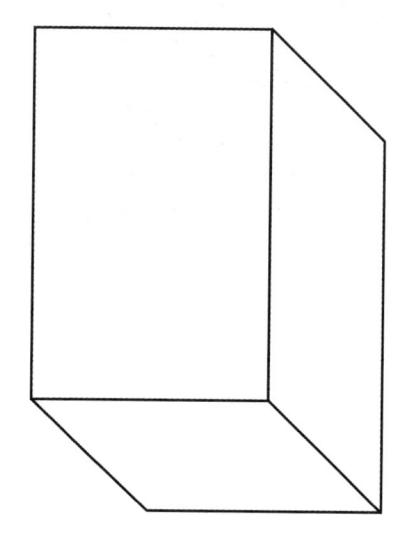

瑞云翔龙　　银模银圈　　径二寸五分

长寿玉圭　　银模　　直长三寸

兴国岩銙　　竹圈　　　方一寸二分

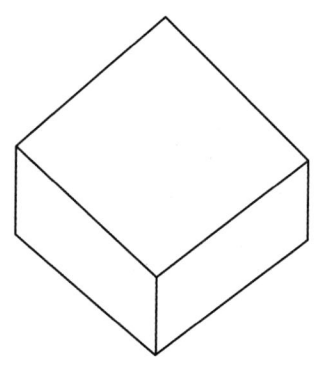

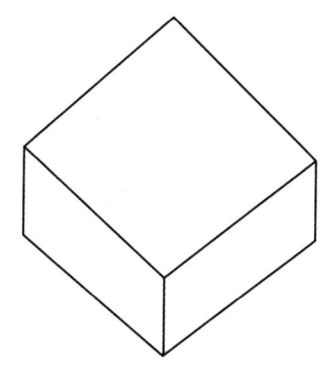

香口焙銙　　竹圈　　　同上

上品拣芽　　银模银圈　同上

新收拣芽　　银模银圈　　同上

太平嘉瑞　　银圈　　　　径一寸五分

龙苑报春　　银模银圈　　径一寸七分

南山应瑞　　银模银圈　　方一寸八分

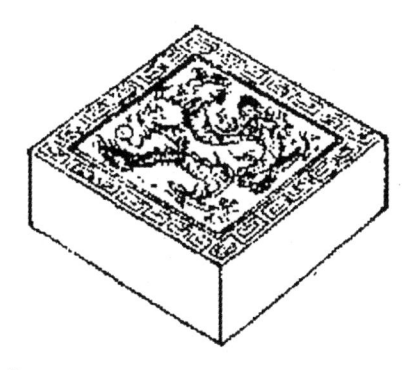

兴国岩拣芽　　银模　　　径三寸

小龙　　银模银圈

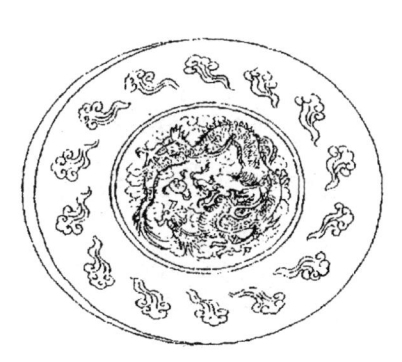

小凤　　　银模银圈　　同上

大龙　　　银圈

大凤　　　银模银圈　　同上

御苑采茶歌十首并序

先朝曹司封修睦自号退士，尝作"御苑采茶歌"十首，传在人口。今龙园所制，视昔尤盛，惜乎退士不见也。蕃谨摭故事，亦赋十首献之漕使，仍用退士元韵，以见仰慕前修之意。

云腴贡使手亲调，旋放春天采玉条。
伐鼓危亭惊晓梦，啸呼齐上苑东桥。

采采东方尚未明，玉芽同护见心诚。
时歌一曲青山里，便是春风陌上声。

共抽灵草报天恩，贡令分明<small>龙焙造茶依御厨法。</small>使指尊。
逻卒日循云埒绕，山灵亦守御园门。

纷纶争径蹂新苔，回首龙园晓色开。
一尉鸣钲三令趣，急持烟笼下山来。<small>采茶不许见日出。</small>

红日新升气转和，翠篮相逐下层坡。
茶官正要灵芽润，不管新来带露多。<small>采新芽不折水。</small>

翠虬新范绛纱笼，看罢春生玉节风。
叶气云蒸千嶂绿，欢声雷震万山红。

凤山日日瀹非烟，胜得三春雨露天。

棠坞浅红酣一笑，柳垂淡绿困三眠。红云岛上多海棠，雨堤官柳最盛。

龙焙夕薰凝紫雾，凤池晓濯带苍烟。

水芽只自宣和有，一洗枪旗二百年。

脩贡年年采万株，只今胜雪与初殊。

宣和殿里春风好，喜动天颜是玉腴。

外台庆历有仙官，龙凤绕闻制小团。按《建安志》：庆历间，蔡公端明为漕使，始改造小团龙茶，此诗盖指此。

争得似金模寸璧，春风第一荐宸餐。

先人作《茶录》，当贡茶极盛之时，凡有四十余色。绍兴戊寅岁，克摄事北苑，阅近所贵皆仍旧，其先后之序亦同。惟跻龙园胜雪于白茶之上，及无兴国岩、小龙、小凤。盖建炎南渡，有旨罢贡三之一而省去之也。先人但著其名号，克今更写其形制，庶觉之无遗恨焉。先是壬子春，漕司再摄茶政。越十三载，乃复旧额，且用政和故事，补种茶二万株。政和间曾种三万株。次年益处贡职，遂有创增之目，仍改京铤为大龙团。由是大龙多于大凤之数。凡此皆近事，或者犹未之知也。先人又尝作贡茶歌十首，读之，可想见异时之事，故并取以附于末。三月初，吉男克北苑寓舍书。

北苑贡茶最盛，然前辈所录，止于庆历以上。自元丰密云龙、绍圣之瑞雪龙相继挺出，制精于旧，而未有好事者记焉，但见于诗人句中。及大观以来，增创新銙，亦犹用拣芽。盖水芽至宣和始有，故龙园胜雪与白茶角立，岁充首贡。复自御苑玉芽以下，厥名实繁，先子亲见时事，悉能记之，成编具存。今闽中漕台新刊《茶录》，未备此书，庶几补其阙云。

淳熙九年冬十二月四日，朝散郎行秘书郎兼国史编修官学士院权直熊克谨记。

北苑别录

（宋）赵汝砺

赵汝砺（生卒年不详，事迹亦无考）。《四库全书》收入在子部饮馔之属谱录类二，附在熊蕃《宣和北苑贡茶录》后。其他刊本有《说郛》本、《五朝小说》本、《古今图书集成》本等，但都题作"无名氏撰"，或为未注意本书"后记"部分最后的落款：

"淳熙丙午孟夏望日，门生从政郎、福建路转运司主管帐司赵汝砺敬书。"

这段话为我们提供了三个信息。一、本书作者是赵汝砺；二、本书写于淳熙丙午年（1186）；三、赵汝砺时任福建路转运司主管帐司。

赵汝砺认为熊蕃《宣和北苑贡茶录》一书"纪贡事之源委，与制作之更沿，固要且备矣。惟水数有赢缩、火候有淹亟、纲次有后先、品色有多寡，亦不可以或阙"，遂作《北苑别录》。从撰作年代看，赵汝砺与熊蕃之子熊克是同时代人，年龄略小而已。

今以《四库全书》本为底本、参校《说郛》本整理录文。

序言

建安之东三十里，有山曰凤凰。其下直北苑，旁联诸焙。厥土赤壤，厥茶惟上。太平兴国中，初为御焙，岁模龙凤，以羞贡篚，盖表珍异。庆历中，漕台益重其事，品数日增，制度日精。厥今茶自北苑上者，独冠天下，非人间所可得也。方春虫震蛰，千夫雷动，一时之盛，诚为伟观。故建人谓"至建安而不诣北苑，与不至者同"。仆因摄事，遂得研究其始末。姑摭其大概，条为十余类目，曰《北苑别录》云。

御园

九窠十二陇	麦窠	壤园	龙游窠
小苦竹	苦竹里	鸡薮窠	苦竹
鼯鼠窠	教炼陇	凤凰山	苦竹源
大小坑	横坑	猢游陇	张坑
带园	焙东	中历	东际
西际	官平	石碎窠	上下官坑
虎膝窠	楼陇	蕉窠	新园
大楼基	阮坑	曾坑	黄际
马鞍山	林园	和尚园	黄淡窠
吴彦山	罗汉山	水桑窠	铜场
师姑园	灵滋	范马园	高畬
大窠头	小山		

右四十六所，广袤三十余里。自官平而上为内园，官坑而

下为外园。方春灵芽莩坼,常先民焙十余日。如九窠十二陇、龙游窠、小苦竹、长坑、西际,又为禁园之先也。

开焙

惊蛰节万物始萌,每岁常以前三日开焙。遇闰则反之,以其气候少迟故也。

采茶

采茶之法,须是侵晨,不可见日。侵晨则夜露未晞,茶芽肥润;见日则为阳气所薄,使芽之膏腴内耗,至受水而不鲜明。故每日常以五更挝鼓,集群夫于凤凰门。山有打鼓亭。监采官人给一牌入山,至辰刻复鸣锣以聚之,恐其逾时贪多务得也。大抵采茶亦须习熟,募夫之际,必择土著及谙晓之人。非特识茶发早晚所在,而于采摘各知其指要。盖以指而不以甲,则多温而易损;以甲而不以指,则速断而不柔。从旧说也。故采夫欲其熟习,正为是耳。采夫日役二百二十五人。

拣茶

茶有小芽,有中芽,有紫芽,有白合,有乌带,此不可不辨。小芽者,其小如鹰爪,初造龙园胜雪、白茶,以其芽先次蒸熟,置之水盆中,剔取其精英,仅如针小,谓之水芽。是小芽中之最精者也。中芽,古谓之一枪一旗是也。紫芽,叶之紫者是也。白合,乃小芽有两叶抱而生者是也。乌带,茶之带头是也。凡茶以水芽为上，小芽次之，中芽又次之，紫芽、白合、乌带，皆所在不取。使其择焉而精，则茶之色味无不佳。万一杂之以所不取，则首面不均，色浊而味重也。

蒸茶

茶芽再四洗涤，取令洁净。然后入甑，候汤沸蒸之。然蒸有过熟之患，有不熟之患。过熟则色黄而味淡，不熟则色青易沉，而有草木之气。唯在得中为当也。

榨茶

茶既熟，谓之茶黄。须淋洗数过，欲其冷也，方入小榨以去其水。又入大榨出其膏，水芽则以高压之，以其芽嫩故也。先是包以布帛，束以竹皮，然后入大榨压之，至中夜取出，揉匀，复如前入榨，谓之翻榨。彻晓奋击，必至于干净而后已。盖建茶味远而力厚，非江茶之比。江茶畏流其膏，建茶惟恐其膏之不尽，膏不尽，则色味重浊矣。

研茶

研茶之具，以柯为杵，以瓦为盆，分团酌水，亦皆有数。上而胜雪、白茶以十六水，下而拣芽之水六，小龙凤四，大龙凤二，其余皆十一二焉。自十二水而上，日研一团。自六水而下，日研三团至七团。每水研之，必至于水干茶熟而后已。水不干，则茶不熟，茶不熟，则首面不匀，煎试易沉。故研夫尤贵于强有手力者也。尝谓天下之理，未有不相须而成者，有北苑之芽，而后有龙井之水。龙井之水其深不以丈尺，则清而且甘，昼夜酌之而不竭。凡茶自北苑上者皆资焉，亦犹绵之于蜀江，胶之于阿井，讵不信然。

造茶

造茶旧分四局。匠者，起好胜之心，彼此相夸，不能无弊，遂并而为二焉。故茶堂有东局西局之名，茶铐有东作西作之号。凡茶之初出研盆，汤之欲其匀，揉之欲其腻。然后入圈制铐，随笪过黄。有方铐，有花铐，有大龙，有小龙。品色不同，其名亦异。故随纲系之于贡茶云。

过黄

茶之过黄，初入烈火焙之，次过沸汤爁之。凡如是者三，而后宿一火，至翌日，遂过烟焙焉。然烟焙之火不欲烈，烈则面炮而色黑。又不欲烟，烟则香尽而味焦。但取其温温而已。凡火数之多寡，皆视其铐之厚薄。铐之厚者有十火，至于十五火；铐之薄者亦八至于六火。火数既足，然后过汤上出色。出色之后，当置之密室，急以扇，扇之则色泽自然光莹矣。

纲次

细色第一纲

龙焙贡新

水芽　十二水　十宿火　正贡三十铐　创添二十铐

细色第二纲

龙焙试新

水芽　十二水　十宿火　正贡一百銙　创添五十銙

细色第三纲

龙园胜雪

水芽　十六水　十二宿火　正贡三十銙　续添二十銙　创添六十銙

白茶

水芽　十六水　七宿火　正贡三十銙　续添五十銙　创添八十銙

御苑玉芽

小芽　十二水　八宿火　正贡一百片

万寿龙芽

小芽　十二水　八宿火　正贡一百片

上林第一

小芽　十二水　十宿火　正贡一百銙

乙夜清供

小芽　十二水　十宿火　正贡一百銙

承平雅玩

小芽　十二水　十宿火　正贡一百銙

龙凤英华

小芽　十二水　十宿火　正贡一百銙

玉除清赏

小芽　十二水　十宿火　正贡一百銙

启沃承恩

小芽　十二水　十宿火　正贡一百銙

雪英

小芽　十二水　七宿火　正贡一百片

云叶

小芽　十二水　七宿火　正贡一百片

蜀葵

小芽　十二水　七宿火　正贡一百片

金钱

小芽　十二水　七宿火　正贡一百片

玉华

小芽　十二水　七宿火　正贡一百片

寸金

小芽　十二水　九宿火　正贡一百片

细色第四纲

龙园胜雪

已见前　正贡一百五十銙

无比寿芽

小芽　十二水　十五宿火　正贡五十銙　创添五十銙

万春银芽

小芽　十二水　十宿火　正贡四十片　创添六十片

宜年宝玉

小芽　十二水　十二宿火　正贡四十片　创添六十片

玉清庆云

小芽　十二水　九宿火　正贡四十片　创添六十片

无疆寿龙

小芽　十二水　十五宿火　正贡四十片　创添六十片

玉叶长春

小芽　十二水　七宿火　正贡一百片

瑞云翔龙

小芽　十二水　九宿火　正贡一百八片

长寿玉圭

小芽　十二水　九宿火　正贡二百片

兴国岩銙

中芽　十二水　十宿火　正贡二百七十銙

香口焙銙

中芽　十二水　十宿火　正贡五百銙

上品拣芽

小芽　十二水　十宿火　正贡一百片

新收拣芽

中芽　十二水　十宿火　正贡六百片

细色第五纲

太平嘉瑞

小芽　十二水　九宿火　正贡三百片

龙苑报春

小芽　十二水　九宿火　正贡六十片　创添六十片

南山应瑞

小芽　十二水　十五宿火　正贡六十片　创添六十片

兴国岩拣芽

中芽　十二水　十五宿火　正贡五百十片

兴国岩小龙

中芽　十二水　十五宿火　正贡七百五十片

兴国岩小凤

中芽　十二水　十五宿火　正贡七百五十片

先春二色

太平嘉瑞　已见前　正贡三百片

长寿玉圭　已见前　正贡二百片

续入额四色

御苑玉芽　已见前　正贡一百片

万寿龙芽　已见前　正贡一百片

无比寿芽　已见前　正贡一百片

瑞云翔龙　已见前　正贡一百片

粗色第一纲

正贡

不入脑子上品拣芽小龙一千二百片　六水　十六宿火

入脑子小龙七百片　四水　十五宿火

增添

不入脑子上品拣芽小龙一千二百片

入脑子小龙七百片

建宁府附发

小龙茶八百四十片

粗色第二纲

正贡

不入脑子上品拣芽小龙六百四十片

入脑子小龙六百七十二片

入脑子小凤一千三百四十四片　四水　十五宿火

入脑子大龙七百二十片　二水　十五宿火

入脑子大凤七百二十片　二水　十五宿火

增添

不入脑子上品拣芽小龙一千二百片

入脑子小龙七百片

建宁府附发

大龙茶四百片　大凤茶四百片

粗色第三纲

正贡

不入脑子上品拣芽小龙六百四十片

入脑子小龙六百七十二片

入脑子小凤六百七十二片

入脑子大龙一千八百片

入脑子大凤一千八百片

增添

不入脑子上品拣芽小龙一千二百片

入脑子小龙七百片

建宁府附发

大龙茶八百片　大凤茶八百片

粗色第四纲

正贡

不入脑子上品拣芽小龙六百片

入脑子小龙三百三十六片

入脑子小凤三百三十六片

入脑子大龙一千二百四十片

入脑子大凤一千二百四十片

建宁府附发

大龙茶四百片　大凤茶四百片

粗色第五纲

正贡

入脑子大龙一千三百六十八片

入脑子大凤一千三百六十八片

京铤改造大龙一千六百片

建宁府附发

大龙茶八百片　大凤茶八百片

粗色第六纲

正贡

入脑子大龙一千三百六十片

入脑子大凤一千三百六十片

京铤改造大龙一千六百片

建宁府附发

大龙茶八百片　大凤茶八百片

京铤改造大龙一千二百片

粗色第七纲

正贡

入脑子大龙一千二百四十片

入脑子大凤一千二百四十片

京铤改造大龙二千三百五十二片

建宁府附发

大龙茶二百四十片　大凤茶二百四十片

京铤改造大龙四百八十片

细色五纲

贡新为最上，后开焙十日入贡。龙园胜雪为最精，而建人有直四万钱之语。夫茶之入贡，圈以箬叶，内以黄斗，盛以花箱，护以重筐，扃以银钥。花箱内外，又有黄罗幕之。可谓什袭之珍矣。

粗色七纲

拣芽以四十饼为角，小龙凤以二十饼为角，大龙凤以八饼为角。圈以箬叶，束以红缕，包以红纸，缄以白绫。惟拣芽俱以黄焉。

开畬

草木至夏益盛，故欲导生长之气，以渗雨露之泽。每岁六月兴工，虚其本，培其土，滋蔓之草，遏郁之木，悉用除之，政所以导生长之气，而渗雨露之泽也。此之谓开畬。唯桐木得留焉。桐木之性与茶相宜，而又茶至冬则畏寒，桐木望秋而先落，茶至夏而畏日，桐木至春而渐茂，理亦然也。

外焙

石门乳吉香口

右三焙常后北苑五七日兴工。每日采茶，蒸，榨，以过黄，悉送北苑并造。

舍人熊公，博古洽闻，尝于经史之暇，辑其先君所著《北苑贡茶录》，锓诸木以垂后。漕史侍讲王公，得其书而悦之，将命摹勒以广其传。汝砺白之公曰："是书纪贡事之源委，与制作之更沿，固要且备矣。惟水数有赢缩、火候有淹亟、纲次有后先、品色有多寡，亦不可以或阙。"公曰："然。"遂摭书肆所刊修贡录，曰几水、曰火几宿、曰某纲、曰某品若干云者条列之。又以其所采择制造诸说，并丽于编末，目曰《北苑别录》。俾开卷之顷，尽知其详，亦不为无补。

淳熙丙午孟夏望日，门生从政郎福建路转运司主营帐司赵汝砺敬书。

煮茶梦记

(元)杨维桢

杨维桢(1296—1370),会稽枫桥(今浙江诸暨市)人,字廉夫,号铁崖、铁笛道人,又号铁心道人、铁冠道人、铁龙道人、梅花道人等,晚年自号老铁、抱遗老人、东维子。元末著名诗人、书画家和戏曲家,有《东维子文集》、《铁崖先生古乐府》传世。泰定四年(1327)进士,授天台县尹,杭州四务提举,建德路总管推官。元末农民起义爆发,杨维桢避寓富春江一带,张士诚屡召不赴,后隐居松江,筑园圃蓬台。门上写着榜文:"客至不下楼,恕老懒;见客不答礼,恕老病;客问事不对,恕老默;发言无所避,恕老迂;饮酒不辍车,恕老狂。"于是江南一带造访者络绎不绝。

《煮茶梦记》倍受历代文人、茶师喜爱。仅四百余字,却表现了饮茶人于茶香微熏中恍然神游的心境。文中,饮茶梦境犹如仙境,可见作者对道家崇尚自然、飘逸欲仙的向往,充溢着道家"天人合一"、现实景象与太虚幻境合二为一的自然之美。人与茶,景与梦,浑然一体,将饮茶提升至茶道的境界,给人以空灵虚静、高深玄妙的美感。"凌霄芽熟矣!"小芸的一声呼唤，于梦幻中完成了茶的烹煮，短文戛然而止，却余韵袅袅。

今以《四库全书》本整理录文。

铁龙道人卧石床。移二更，月微明及纸帐，梅影亦及半窗，鹤孤立不鸣。命小芸童汲白莲泉，燃槁湘竹，授以凌霄芽，为饮供。道人乃游心太虚，雍雍凉凉，若鸿濛，若皇芒，会天地之未生，适阴阳之若亡。恍兮不知入梦，遂坐清真银晖之堂。堂上香云帘拂地，中著紫桂榻、绿琼几，看太初易一集。集内悉星斗文，焕晔爌熠，金流玉错，莫别爻画。若烟云日月，交丽乎中天，欻玉露凉，月冷如冰，入齿者易刻，因作《太虚吟》。吟曰："道无形兮兆无声，妙无心兮一以贞，百象斯融兮太虚以清。"歌已，光飙起林末，激华氛，郁郁霏霏，绚烂淫艳。乃有扈绿衣，若仙子者，从容来谒，云"名淡香，小字绿花"。乃捧太玄杯，酌太清神明之醴以寿。予侑以词曰："心不行，神不行，无为而万化清。"寿毕，纡徐而退，复令小玉环侍笔牍，遂书歌遗之曰："道可受兮不可传，天无形兮四时以言，妙乎天兮天之先，天天之先复何仙。"移间，白云微消，绿衣化烟，月反明予内间。予亦悟矣，遂冥神合玄，月光尚隐隐于梅花间。小芸呼曰："凌霄芽熟矣！"

图书在版编目(CIP)数据

茶录:外十种/(宋)蔡襄等著;唐晓云整理校点.—上海:上海书店出版社,2015.7(2025.7重印)
(宋元谱录丛编/顾宏义主编)
ISBN 978-7-5458-1069-1

Ⅰ.①茶… Ⅱ.①蔡… ②唐… Ⅲ.①茶叶-文化-中国-古代 Ⅳ.①TS971-49

中国版本图书馆CIP数据核字(2015)第131276号

责任编辑	顾　佳
技术编辑	丁　多
装帧设计	汪　昊

茶录(外十种)

[宋]蔡襄　等　著
唐晓云　整理校点

出　　版	上海书店出版社
	(201101　上海市闵行区号景路159弄C座)
发　　行	上海人民出版社发行中心
印　　刷	上海展强印刷有限公司
开　　本	889×1194 mm　1/32
印　　张	3.25　插图6面
字　　数	80,000
版　　次	2015年7月第1版
印　　次	2025年7月第7次印刷
ISBN 978-7-5458-1069-1/TS·2
定　　价	26.00元